CW01262924

毎日かんたん！ 本当においしい！とほめられる

ほめられHappyレシピ

作りおき & ごちそうおかず

毎日の食事づくりが楽しくなる **230** レシピ

ナツメ社

「冷蔵庫貯金」で
ムリなく、楽しい
食事作りを!!

私は家族においしいご飯を食べさせたいという気持ちで、妻として、母として、毎日キッチンに立っています。ただ、お料理が好きな私でも、ときには一日仕事が詰まっていたり、疲れがたまってだるかったりなど、ベストコンディションでいられないときがあります。この本を手にした方も、毎日がんばって食事を作っているのではないでしょうか？

もちろん出来合いのお惣菜を買って並べてもいいのかもしれません。でも、例えば、家族4人分のお惣菜を買うと驚くほどの金額になります。そして、味も少し微妙だったりと、楽しく食べるというよりも、ただ空腹を満たすだけになりがちです。

そんなときに、冷蔵庫におとといのひじきや昨日のから揚げ…など保存していると、それだけでも立派な晩ごはんになります。もしくは、ちょっと疲れているけど1品なら作れる。後は冷蔵庫にあるマカロニサラダをつければ！

私はこれを「冷蔵庫貯金」と呼んでいます。また、それをちょっとアレンジするだけでも家族にとっては「家庭の味」となるわけです。

本書には、私の大好きな家族、お友達、料理教室の生徒さんに喜ばれたとっておきのおいしいレシピをたくさん紹介しています。毎日の食事作りがラクに、楽しくなるようなヒントを感じていただけたら幸いです。

上島 亜紀

副菜だって
作りおき!!

肉400gを使い切り!
たっぷり作って
盛りつけるだけ!

CONTENTS

プロローグ
「冷蔵庫貯金」でムリなく、
楽しい食事作りを!! 2

はじめに
毎日の食事作りがラクに、
楽しくなる4つのポイント 8

column 大入りジップブロック 12

PART 1 食材別！作りおき＆使い切りおかず

*おかずの素

① なんでもできちゃう 肉みそ 16
arrange1 ロコモコ風肉みそ丼 17
arrange2 麻婆春雨 17

② さっぱりおいしい 野菜のピクルス 18
arrange1 かじきまぐろのさっぱり漬け 19
arrange2 エビフライの彩りタルタルソース 19

③ ほっとする味 野菜のおだし煮 20
arrange1 かれいの野菜あんかけ 21
arrange2 和風あんかけオムライス 21

*鶏肉のおかず

鶏むね肉の中国風煮込み 22
鶏の照り焼きと煮卵 23
手羽中の甘辛揚げ 23
鶏のから揚げ 24
鶏ハム 24
タンドリーチキン 25
蒸し鶏 25

*豚肉のおかず

塩豚 26
arrange1 ポッサム 26
arrange2 ポークリエット 27
arrange3 大根と豚バラの煮物 27
豚肩ロースのウーロン茶煮 29
豚キムチ 29
おうちでもやわらかヒレカツ 29

*牛肉のおかず

牛のすね肉のビール煮 30
牛肉とえのきのしぐれ煮 31
しゃぶしゃぶサラダ 31

*ひき肉のおかず

ハンバーグ＆ミートローフ 32
鶏肉団子鍋と鶏つくね 33
シュウマイと和風ハンバーグ 34
ピリ辛そぼろ丼＆かぼちゃのそぼろあんかけ 35

*青魚のおかず

あじのカレーそぼろ 36
さばのエスニック風竜田揚げ 37
ごまいわし 37

*切り身魚のおかず

鮭の南蛮漬け 38
鮭のゆず麹漬け 39
ぶりの照り焼き 39

*豆腐のおかず

豆腐のステーキ 40
そぼろ豆腐 41
五目白あえ 41

*卵の作りおき＆アレンジレシピ

ゆで卵／肉巻卵／卵サラダ
いり卵／卵サンド／じゃこ炒飯 42

*大根のおかず

大根と油揚げのさっと煮 46
大根ときゅうりのもずく酢 47
大根とベーコンのおやき 47

*キャベツのおかず

簡単ロールキャベツ 48
キャベツのピクルス 49
コールスロー 49

＊白菜のおかず

- 白菜の簡単キッシュ … 50
- 白菜の中華風煮びたし … 51
- 白菜とツナのシャキシャキサラダ … 51

＊ごぼうのおかず

- ごぼうと鶏の和風ドライカレー … 52
- ごぼうとししとうの揚げびたし … 53
- ごぼうと糸こんにゃくとじゃこのきんぴら … 53

＊じゃがいものおかず

- コロコロコロッケ … 54
- じゃがいもとピーマンの
  さっぱりチンジャオロース― … 55
- じゃがいもとにんにくのオーブン焼き … 55

＊にんじんのおかず

- にんじんとスペアリブのオレンジ煮 … 56
- にんじんのエスニックサラダ … 57
- にんじんのグラッセ（オレンジ風味） … 57

＊玉ねぎのおかず

- 玉ねぎの肉団子づめ … 58
- ハヤシライス … 59
- 新玉ねぎと鯛のカルパッチョ … 59

＊里いも・山いものおかず

- 里いもの含め煮 … 60
- 山いもときのこの豆乳グラタン … 61
- 山いもの素揚げ … 61

＊なすのおかず

- なすとパプリカの揚げびたし … 62
- なすのエスニック風即席ピクルス … 63
- 麻婆なす … 63

＊トマトのおかず

- トマトのピリ辛炒め … 64
- トマトのさっぱり煮びたし … 65
- トマトとじゃこのサラダ … 65

column
無駄なし、カンタン！フリージング術
冷凍小松菜＆冷凍玉ねぎ／冷凍ごまねぎ／
冷凍きのこ／冷凍トマト／
チキンのハーブソテー／えのきの肉ロール／
いわしのつくね／五目炊き込みご飯の素 … 66

column
フッ素樹脂加工の
フライパン＆ル・クルーゼの鍋 … 70

PART 2 フライパン＆鍋ひとつでできるほったらかしレシピ

＊フライパンひとつで！

- 鶏むね肉の香草焼き … 74
- 鮭のちゃんちゃん焼き … 76
- チキンと玉ねぎのクリームカレー煮 … 78
- オムレツピッツァ … 79
- 豚肉とお豆の煮込みパスタ … 80
- 海鮮チヂミ … 81

＊鍋ひとつで！

- まいたけと鶏団子のみぞれ鍋 … 82
- 野菜たっぷり煮込みハンバーグ … 84
- カムジャタン … 86
- 鶏の治部煮 … 87
- ブロッコリーとカリフラワーの
  シーフードグラタン … 88
- 鶏もも肉のカチャトーラ … 89

column
キッチンばさみ＆ドレッシングボトル … 90

PART 3 野菜＆海藻がたっぷり！常備菜＆作りおきサラダ

＊作っておきたい！常備菜

- ❶ひじきの五目煮 … 94
  - arrange1 油揚げとひじきのロール焼き … 95
  - arrange2 ひじきの五目ご飯 … 95
- ❷根菜のきんぴら … 96
  - arrange1 簡単混ぜご飯 … 97
  - arrange2 根菜入り卵の花 … 97
- ❸ラタトゥイユ … 98
  - arrange1 プロバンス風ご飯 … 99
  - arrange2 かじきまぐろの香草焼き
    ラタトゥイユ添え … 99

＊まとめて作れる！作りおきサラダ

- ❶グリーンサラダ
  玉ねぎドレッシング … 100

PART 4 たっぷり作っておきたい！具だくさんスープ＆ごはんレシピ

＊栄養満点！具だくさんスープ

- キャベツたっぷりクラムチャウダー …… 110
- ビーンズミネストローネ …… 112
- かぶのポタージュ …… 113
- 大根と春菊のスープ …… 114
- セロリのエスニックスープ …… 114
- かぼちゃのポタージュ …… 115
- ねぎたっぷりの酸辣湯 …… 115

＊栄養満点！具だくさんごはん

- そら豆とグリーンピースの炊き込みピラフ …… 116
- ざく切り玉ねぎの炊き込みご飯 …… 118
- 里いもとベーコンの炊き込みご飯 …… 119
- 牡蠣と三つ葉の炊き込みご飯 …… 120
- 大根の中華風炊き込みご飯 …… 121

❷ にんじんドレッシング …… 100
さっぱりポテトサラダ …… 102
野菜たっぷりマカロニサラダ …… 102

＊おいしく長持ち！作りおきマリネ

- うずらとミニトマトのカレー風味マリネ …… 104
- 根菜のマリネ …… 104
- 玉ねぎとパプリカのマリネ …… 104

column 菊花ごはん鍋＆レードル …… 106

PART 5 10分でできる！朝ごはん＆ランチメニュー

＊10分！朝ごはん

- 具だくさん卵かけご飯 …… 134
- フレッシュ野菜の即席漬け …… 136
- しらすと納豆の2色ご飯 …… 136
- もずくの酢の物 …… 137
- ツナマヨオムレツ …… 137
- シャキシャキ野菜のスープ …… 138
- スパムととろとろ卵のおむすび …… 138
- ツナとにんじんのサラダ …… 139
- ポパイご飯 …… 139
- にんじんのすりすりスープ …… 140
- ホットケーキドッグ …… 140
- トマトのコンソメスープ …… 141
- バターロールのお好みサンド …… 141
- 野菜たっぷりクリームスープ …… 141

きのこの炊き込みピラフ …… 121
作っておくと便利！タレ＆ソース …… 122
エスニックダレ／中華辛味ダレ／梅ソース／しょうがじょうゆ／ごまのバーニャカウダ／タプナード／フレッシュトマトのソース／冷製のチーズソース

column エスニック調味料 …… 130

PART 6 帰って20分でできる毎日の晩ごはん献立

＊10分！ランチ

- 韓国風まぐろと青じその漬けご飯 …… 142
- 野菜と卵白のスープ …… 142
- スープ炒飯 …… 144
- キャベツとしょうがの中華サラダ …… 144
- こっくりさばみそ丼 …… 146
- シンガポールチキン …… 147
- グリーンベジのカルボナーラ …… 148
- タコライス …… 148
- シチリア風あじのパスタ …… 149
- ガパオ …… 149
- 超ラク！リメイクレシピ …… 150
- チーズ・生ハム／作りすぎてしまったポテトサラダ／余ったかぼちゃの煮物／残ったすき焼き／大量にゆでて余ったそうめん／残ったバゲット（もしくは食パン）／熟れすぎたバナナ

column バルサミコ酢のフルーツ漬け＆ダマにならない小麦粉 …… 154

Mon 和風ピクルス …… 158
かれいの煮付け …… 158
鶏肉と野菜の黒酢炒め …… 160
Tue 春雨とあさりのスープ …… 160

PART 7 ちょっとがんばる ごちそう&カンタン おつまみレシピ

*ちょっとがんばる ごちそうおかず

Wed	Thu	Fri

- ミラノ風ドリア ... 162
- 鶏ささ身のピカタ ... 162
- かぶと生ハムのサラダ ... 162
- 冬瓜と豚バラの和風カレー ... 164
- さつまいもと春菊のみそ汁 ... 164
- ガーリックステーキ ... 166
- かぶとミニトマトのロースト ... 166
- 3STEPで作る レンジのラクうまおかず ... 168
  なすと豚バラのさっぱり煮／かぼちゃとさつまいものサラダ／ひき肉と白菜の中華風ミルフィーユ／あんかけ中華そば／レンジで簡単サルシッチャ／鶏のオレンジ煮／簡単ミートソース／たらとほうれん草のホワイトシチュー

column ル・クルーゼのシリコン・ピンチボウル&ソロブレンダー ... 172

- チキンとかぼちゃ、ズッキーニのごちそうサラダ ... 176
- スタミナサラダ ... 177
- 春野菜の生春巻き2種 ... 177
- 中華風豚の角煮 さつまいものマッシュ添え ... 178
- 韓国風牛のたたき ... 179
- チキンソテー バルサミコしょうゆ風味 ... 179

*パパッと作れる家呑みおつまみ

- 2種類のソースでいただくしゃぶしゃぶ ... 180
- ロール白菜のブイヤベース ... 181
- すずきのアクアパッツア ... 181
- カスレ風豆の煮込み ... 182
- えびのエスニックカレー ... 183
- サムゲタン ... 183
- 洋風バラちらし ... 184
- 魚介のパエリア ... 185
- 簡単キッシュ ... 185
- サーモンとアボカドのタルタルクリームチーズのディップ ... 186
- かぶとベーコンのロースト ... 187
- たこのマリネ ... 187
- えびのアヒージョ ... 188
- アスパラとパンチェッタの春巻き ... 188
- トマトとバジルの塩麹マリネ ... 189
- 鶏ささ身とブロッコリーの蒸し物 ... 189
- 鶏もも肉の黒七味焼き ... 190
- れんこんとみょうがのサラダ ... 190
- まぐろのごまダレユッケ ... 191
- まいたけのあっさり佃煮 ... 191
- えびのエスニック豆腐 ... 192
- 納豆と油揚げの友達焼き ... 192
- オクラとアスパラのさっぱり煮びたし ... 193

カンタン！おやつとデザート

- かぼちゃとくるみのマフィン／焼きドーナツ／さつまいも餡のどら焼き／あずき豆腐／れんこん白玉のココナッツミルクぜんざい ... 194

材料別さくいん
フレッシュチーズケーキ いちごソースかけ／りんごの赤ワイン煮／チョコレートバー／ハニーレモンジンジャーゼリー ... 200

この本の使い方

* 作りおきおかずやソースなど、まとめて作る料理の材料は、作りやすい分量としています。その他は料理によって2人分、4人分などとしています。
* カロリーは、作りやすい分量の場合は全量、本数、個数がわかっているものは、1本、1個あたりで算出しています。何も表示のないものは、1人分で算出しています。
* 計量単位は1カップ＝200ml、大さじ1＝15ml、小さじ1＝5ml、米1合＝180mlとしています。
* 電子レンジは600Wを基本としています。500Wの場合は加熱時間を1.2倍にしてください。
* 「少々」は小さじ1/6未満を、「適量」はちょうどよい量を入れること、「適宜」は好みで必要であれば入れることを示します。
* こしょうは白こしょうを示しています。粗びき黒こしょうはその旨を明記しています。

はじめに

毎日の食事作りがラクに、楽しくなる4つのポイント

料理は嫌いではないけど、毎日だとつらくなる……。
そんな悩みもこの本で紹介する4つのポイントで解消。
そのうえ絶対おいしくなる秘訣もマスターできます！

point 1 お徳用の食材をまとめて おいしく使い切り&作りおき！ →**Part1&Part3参照**

栄養バランスがよい食事をと思うと、せめて主菜と副菜はほしいもの。それらを毎回一から下ごしらえしていたのでは、さすがに時間がかかって嫌になりますよね。ならば、食材は買ってきてすぐに作りおきおかずに変身させてしまいましょう！

アレンジしやすいメインおかずや、毎日食べても飽きない常備菜、冷凍保存もできるストックおかずを駆使すれば、毎日の食事作りが驚くほどスピーディに。また、これらのおかずは食材の使い切りにも貢献。せっかくまとめ買いしたお徳用食材を使い切れなくてダメにしてしまう、なんてこともなくなりますよ。

豚こま切れ肉400gを使い切ってSTOCK!

豚キムチをたっぷり作って！

残った分はスタックに入れて保存

大根1本を使い切ってSTOCK!

生鮭の切り身4枚を使い切ってSTOCK!

上品な焼き魚をまとめて作る！

油揚げと大根の煮物をまとめて作る！

保存して、常備菜としても

保存しておけば、お弁当のおかずにも

『無駄がなく、カンタンな食事作りで節約にも、時短にもなる！』

point 2 忙しい主婦だからこそ知りたい朝食、ランチ、夕飯の時短テクをマスター！

→**Part4**&**Part5**参照

朝
昼
晩

火や包丁をなるべく使わずにとにかくスピーディに作りたい朝食。一人だから手軽にすませたいランチ。パパッと作りたいけど、栄養バランスや味には妥協したくない夕飯。それぞれ目的は違うけど、時間をかけずに調理できたらいいですよね。段取りの手順を含めて、それぞれの食事の時短テクを知っておきましょう。

フライパンひとつで

具だくさんごはん

point 3 少ない調理道具で作るボリューム料理は一品で満足！

→**Part2**&**Part6**参照

鍋ひとつで

具だくさんスープ

焼いてから煮る、煮てから焼くetc.どれもおいしさのために大切な工程です。ただ、毎回いちいち別の調理器具を使っていたら洗い物ばかり増えて大変！ そこで、フライパンや鍋ひとつでできて、栄養バランスがよく、ボリューム感がある料理はいかがでしょうか。熱々の調理器具ごとテーブルに出すのもまた、ごちそう感をアップしてくれます。

point 4

ちょっとがんばる日の ごちそう&おつまみも カンタンに作る!

→**Part7参照**

ごちそうは必ずしも手間や時間をかけないとできないものではありません。ふだんは使わないような食材や調味料を組み合わせてみたり、よその国の珍しいメニューを取り入れてみたりすることで、特別感は演出できます。お客さまや家族にわっと喜ばれそうなもの、おうちがしゃれたカフェやバーになってしまうような、特別メニューをご紹介します。

スタックのこと。

作りおきおかずは皿ではなく保存容器に移しましょう。重ねられるタイプなら冷蔵室でじゃまにならないし、密閉式のふたであれば万が一倒してもこぼれません。中が見えるもの、ドレッシング用、加熱OKなどいろいろ取りそろえると便利。

中身によって使い分けられるように、サイズをいろいろ用意。

いれ子式の容器は使わないとき中に入れて収納できるので重宝。

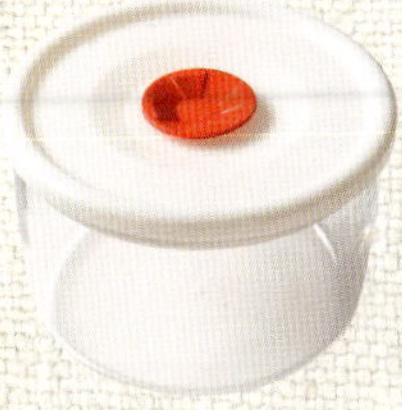

空気を抜けるタイプはより密閉できて保存性がアップ。

ドレッシングも手作りして保存。だから専用の容器があると◎。

ふたがシール式になっていて密閉できるものは汁物の保存に。

column

本当に便利！
上島先生 おすすめ！

Foods & goods ❶

大入りジップロック

ファスナーがついていて冷凍にも加熱にも使えるジップロックは、作りおきおかずを作るときに欠かせないアイテム。スタック容器を持ち出すほどではない、ほんのちょこっと残ってしまったおかずを保存するのにも使えますし、友人とのパーティで食べ切れなかったサンドイッチやマフィンなどを入れるお土産袋としても便利です。

また、保存するだけでなく調理にも使えます。たとえば、粉をまぶしたり、下味をもみ込んだりするとき、ジップロック内で作業を行うと、手が汚れません。牛のたたきなどの保温調理にも使える（P179）のでぜひチェックを。

そんなに使い道がたくさんあるジップロックだから、一〇〇枚入り大入りサイズが断然おすすめ。コストコやネット通販などで扱っていますよ。

ファスナーつきポリ袋はやはりある程度の強度はほしいもの。その点でもジップロックは満点！

PART 1

食材別!
作りおき&
使い切りおかず

毎日の食事作りを断然ラクにしてくれるのが
作りおきおかずの存在。
鶏肉、豚肉、牛肉から野菜、
そして卵や豆腐まで、幅広く食材別にご紹介します。

INDEX

- おかずの素…16
- 鶏肉のおかず…22
- 豚肉のおかず…26
- 牛肉のおかず…30
- ひき肉のおかず…32
- 青魚のおかず…36
- 切り身魚のおかず…38
- 豆腐のおかず…40
- 大根のおかず…46
- キャベツのおかず…48
- 白菜のおかず…50
- ごぼうのおかず…52
- じゃがいものおかず…54
- にんじんのおかず…56
- 玉ねぎのおかず…58
- 里いも・山いものおかず…60
- なすのおかず…62
- トマトのおかず…64

お徳用パックで買ってきた肉・魚・野菜を使い切って作りおき！

家計で節約しやすいところが食費。大量パックに入っていて割安なお徳用パックを上手に利用して、しめるところはしめたいですよね。大量パックは、いちいち買い物に行かなくてすむから時間や交通費の節約になることも。

ただ、お徳用パックは「使い切れない」という落とし穴も。せっかく安く買っても、いつのまにか消費期限が切れていたり、傷んでしまったり……。捨ててしまうことになったら残念ですよね。

そんなときに役に立つのが作りおきおかずです。食材の味が落ちる前に調理することでおいしくいただけるし、使う前にダメになっていたということも防げます。そのまま出すこともアレンジすることもできるので、スピードアップにつながり、毎日のごはん作りがラクになります。

～ Point of this chapter ～

常備菜や作りおきサラダはガラスのスタックが便利

中がひと目でわかるというのは思っている以上に効率があがります。その上、においうつりや色うつりがないガラス製は重宝します。

できたての常備菜には落としぶたラップを

アツアツの惣菜は蒸気でふたに水滴がつき、それが落ちて傷む原因に。ラップをピッタリかけ、冷めたら外してふたをして。

レンチンで再加熱するのが長期保存のポイント

せっかく作った作りおきおかず、衛生面はしっかり管理したいもの。食べるときにその都度加熱すると殺菌できて、長持ちします。

14

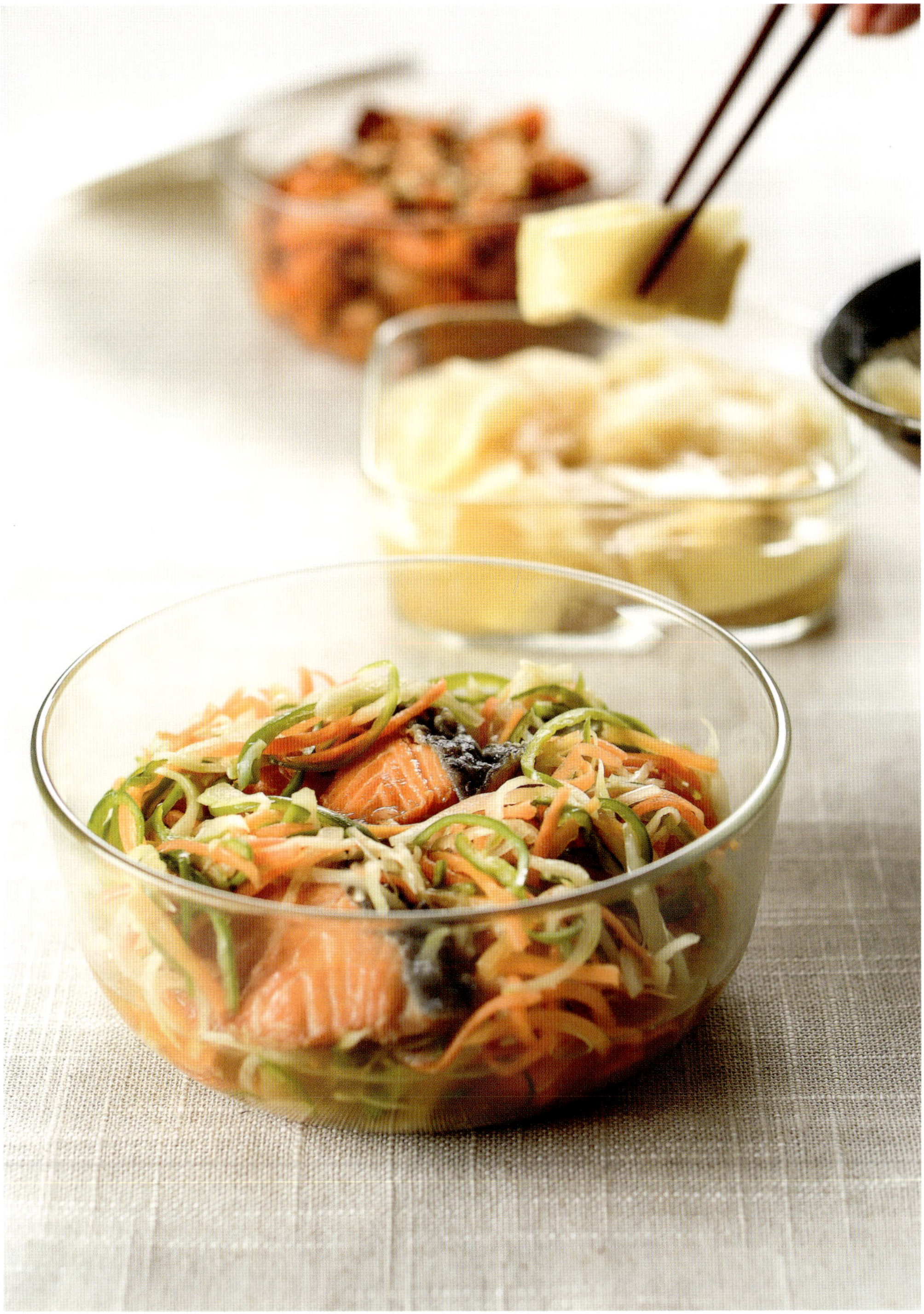

おかずの素 ①

作っておくと万能!!

肉に加えてしいたけのうまみもプラスした肉みそ。そのままおかずとしても、和洋中さまざまな料理にアレンジしても。

25分
291 kcal
*大さじ1あたり

冷蔵 5日間
冷凍 2週間

なんでもできちゃう 肉みそ

ひき肉400gパック使い切り

:: 材料（作りやすい分量）

- 豚ひき肉…400g
- しょうが（みじん切り）…2片分
- 長ねぎ（みじん切り）…1本分
- 干ししいたけ（水で戻してみじん切り）…小3枚分
- 酒…大さじ2
- A [しょうゆ・みりん…各大さじ3
    みそ…大さじ2]
- ごま油…大さじ½

:: 作り方

1. 豚肉に酒をよく混ぜ合わせ、15分ほどおく。 a
2. フッ素樹脂加工の鍋に1を入れて**中火**で熱し、2組の菜箸を使って炒める。肉の脂が出てきたらしょうが、長ねぎ、干ししいたけを加え、さらに炒める。 b
3. Aを溶き、2に加え、水分を飛ばすように**強火**で炒める。 c
4. 火を止めてごま油を回しかけ、よく混ぜる。

stock!

耐熱ガラス保存容器がおすすめ。粗熱を取ってから冷蔵庫へ。

point

a 酒で下味を。やわらかくなり、コクもアップ。

b 菜箸を2組使うと、ひき肉がよりパラパラに。

c みそをよく溶いてからまわしかけて。

作りおき&使い切りおかず

arrange ❶
ロコモコ風肉みそ丼

肉みそを常備しておけば、
栄養バランスのいいカフェ風丼もあっという間!

∷ 材料（2人分）

肉みそ…大さじ6
ご飯…茶碗2杯分
アボカド（角切り）
　…1個分
目玉焼き…2個

∷ 作り方

1. 器にご飯を盛り、肉みそ、アボカド、目玉焼きをのせる。

memo
冷蔵してあった肉みそを使う場合は、電子レンジでチンしてからトッピングするのがおすすめ。お好みでレタスなどのグリーンを加えてもおいしくいただけます。

15分
601 kcal

arrange ❷
麻婆春雨
（マーボーはるさめ）

肉みそがあまったら春雨を加えてボリュームアップ。
ごま油の風味が食欲を誘います。

∷ 材料（2人分）

肉みそ…大さじ4
ピーマン（細切り）…2個分
にんじん（細切り）…⅓本分
春雨（乾燥）…50g
A ┌ 鶏がらスープの素
　│　…小さじ1
　└ 水…50mℓ
ごま油…大さじ½
白いりごま…適量

∷ 作り方

1. 春雨は熱湯につけて15分ほどおき、水けをきる。
2. フライパンにごま油を**強火**で熱し、ピーマン、にんじんを炒める。しんなりしたら肉みそ、春雨、Aを加え、水分を飛ばすように炒める。
3. 器に盛り、白いりごまをかける。

memo
肉みそはご飯にかけたり、葉物野菜やトルティーヤなどに巻いたりしてもおいしいですが、味のついたひき肉として料理に使っても◎。いつもよりスピーディにできあがります。

10分
201 kcal
春雨を戻す時間は除く

17

> 作っておくと万能!!

おかずの素 ②

さっぱりおいしい 野菜のピクルス

野菜400g使い切り

⏱ 15分
200 kcal *全量
漬ける時間は除く

冷蔵5日間

電子レンジで手軽に作るピクルスです。加熱時間はおうちの電子レンジのくせによって調整して。「ちょっと野菜が足りないかも」というときにも便利です。

∷ 材料（作りやすい分量）

- パプリカ(赤・黄)…合わせて½個分
- セロリ…½本
- にんじん…¼本
- きゅうり…½本
- かぶ…2個
- 玉ねぎ…½個
- レモン汁…大さじ4

ピクルス液
- 酢…150ml
- 白ワイン…50ml
- はちみつ…大さじ4
- 粒こしょう…10粒
- ローリエ…1枚
- 塩…小さじ1

∷ 作り方

1. 耐熱ガラスの保存容器にピクルス液を入れてふたをし、電子レンジで様子をみながら1分弱加熱して沸騰させる。取りだすときにやけどに注意する。粗熱をとる。 a
2. 1に、食べやすく切った野菜、レモン汁を入れて冷蔵庫で半日以上漬ける。 b

point

a 周りがプツプツと沸騰した瞬間が加熱の目安。

b ピクルス液が冷たくなる前に野菜を漬けて。

stock!
汁ごと保存できるような保存容器に。冷蔵で保存し、5日以内に使い切る。

作りおき&使い切りおかず

arrange ❶
かじきまぐろのさっぱり漬け

ピクルスの酸味は魚のくさみを消してくれる効果も。
彩りがよくおもてなしにもぴったりな一品です。

:: 材料（2人分）

- かじきまぐろ（切り身）…2切れ
- 野菜のピクルス…適量
- ピクルス液…適量
- 塩・こしょう…各適量
- 強力粉…大さじ1
- 揚げ油…適量

:: 作り方

1. かじきまぐろはひと口大に切る。塩、こしょうをしっかりふって15分ほどおき、ペーパータオルなどで余分な水分をふき取る。
2. 1に強力粉をまぶし、170℃の揚げ油で揚げる。
3. 野菜のピクルスを粗みじん切りにし、ピクルス液と混ぜ合わせ、2にかける。

20分
300 kcal

arrange ❷
エビフライの彩りタルタルソース

揚げ物がいつもよりもごちそうになるタルタルソース。
エビフライだけでなくチキン南蛮やまぐろソテーなどにも。

:: 材料（1人分）

- エビフライ…3本
- 野菜のピクルス…大さじ3
- ゆで卵（みじん切り）…1個分
- マヨネーズ…大さじ3
- 塩・こしょう…各適量
- グリーンリーフ…適量

:: 作り方

1. 野菜のピクルスは水けをしっかりきり、みじん切りにする。マヨネーズ、ゆで卵を加えてよく混ぜ、塩、こしょうで味をととのえる。
2. エビフライとグリーンリーフを器に盛り、1を添える。

memo
ピクルスはしっかり漬け込んだものの方がタルタルソースとして合います。逆に、そのままで酸っぱくなってしまったものを利用しても。ゆで卵とピクルスは大きさをそろえて。

10分
345 kcal

作っておくと万能!!

おかずの素 ③

野菜がたっぷり入った煮物。特に毎日とるのが難しいような根菜類を使っています。かまぼこが味と食感のアクセントに。

30分
147 kcal
*1カップあたり

冷蔵 3日間

ほっとする味 野菜のおだし煮

野菜400g 使い切り

stock!
汁ごと保存できるような保存容器に入れて冷蔵庫へ。

:: **材料**（作りやすい分量）

- れんこん…5cm長さ
- ごぼう…½本
- 大豆の水煮…100g

A
- にんじん…1本
- しいたけ…4枚
- 里いも(中)…3個
- セロリ…½本
- いんげん…10本
- かまぼこ…½本

B
- 昆布…10cm四方
- だし汁…800㎖
- 酒…50㎖
- みりん…大さじ3
- 塩…小さじ1

- しょうゆ…大さじ3
- ゆずの皮（乾燥でも）…適量

:: **作り方**

1. れんこんは酢水（水200㎖に対して酢小さじ1・分量外）に10分ほどつける。ごぼうは水に5分ほどつけ、一度洗ってさらに新しい水に5分つける。
2. 1とAはすべて7mm角に切る。 [a]
3. 鍋にBを入れて**強火**で加熱する。沸騰直前に昆布を取り出して5mm角に切って、いんげん、かまぼこ以外の具材と一緒に入れる。落としぶたをして沸騰したら**弱火**にし、15〜20分煮る。[b]
4. 野菜に火が通ったら、いんげん、かまぼこ、しょうゆ、ゆずの皮を加え、**中火**で3〜5分煮る。[c]

\\ point //

[a] 火の通りと食感を考えて大きさをそろえて。

[b] 火が通りにくい根菜類やきのこを先に煮る。

[c] 風味づけのゆずの皮は最後に加える。

作りおき&使い切りおかず

arrange ❶
かれいの野菜あんかけ

栄養バランスがいいのに、レンジでパッとできちゃう
スピード料理。帰りが遅くなった日の夕飯にもぴったりです。

:: 材料（2人分）

かれい（切り身）
　…2切れ
野菜のおだし煮
　…1カップ
しょうが・長ねぎ
　（切れ端）…各適量
片栗粉…大さじ1
A ┌ 酒…大さじ3
　└ 塩…小さじ1
水溶き片栗粉
　（片栗粉小さじ1を
　　水大さじ1で溶く）

:: 作り方

1 かれいに塩（適量・分量外）をふり、15分ほどおく。水けをペーパータオルなどでふき取り、片栗粉を薄くはたく。耐熱皿にのせ、Aをふり、長ねぎとしょうがをのせ、ふんわりとラップをかけ、電子レンジで3〜4分加熱し、そのまま5分おく。

2 小鍋に野菜のおだし煮を煮汁ごと中火で熱し、水溶き片栗粉を加え、とろみがつくまで加熱し、1にかける。

30分
208 kcal

arrange ❷
和風あんかけオムライス

これ一品でご飯もたんぱく質も野菜もとれちゃうメニュー。
ちょっぴり甘い卵と野菜あんの相性が抜群。

:: 材料（2人分）

ご飯…茶碗2杯分
A ┌ 卵…4個
　│ みりん…大さじ2
　└ 塩…小さじ½
B ┌ 野菜のおだし煮
　│ 　…1カップ
　└ 水…50ml
塩…小さじ½
水溶き片栗粉
　（片栗粉小さじ1
　　を水大さじ1で溶く）
ごま油…大さじ2

:: 作り方

1 ボウルにAを入れ、よく混ぜる。

2 フライパンにごま油を熱し、中火で1の半量を流し入れ、さっとかき混ぜる。底がうっすら固まったら、ご飯茶碗1杯分をのせ、卵で包んでオムライスを作る。これを2つ作る。

3 小鍋にBを入れて中火で熱し、塩を味見しながら加え、沸騰したら水溶き片栗粉を入れ、とろみがつくまで加熱する。2のオムライスにかける。

15分
427 kcal

⏰ 40分
641 kcal
*全量

冷蔵 5日間　冷凍 2週間

鶏肉のおかず

肉の中でも価格が手ごろなのが鶏肉の魅力のひとつ。適度に脂がのったもも肉が使いやすいのですが、むね肉や手羽もポイントを押さえれば、保存してもパサパサにならず大満足のおかずに。

蒸し鶏

鶏もも肉2枚使い切り

電子レンジでふんわりやわらかに仕上げます。ねぎとごま油のきいたタレがあっさりとした鶏肉と好相性。

:: 材料（作りやすい分量）

鶏もも肉…2枚
長ねぎ・しょうが（切れ端）
　…各適量
塩…大さじ½
酒…大さじ2
A ┌ 長ねぎ（みじん切り）
　│　…½本分
　│ ごま油…大さじ2
　│ 塩…小さじ1½
　└ こしょう・白いりごま
　　　…各適量

:: 作り方

1 鶏肉は全体に塩をふり、室温に30分ほどおく。
2 耐熱皿に1を平たく形をととのえて並べる。酒の半量を回しかけ、長ねぎ、しょうがをのせてから、残りの酒をかけ、ふんわりラップをかける。 a
3 電子レンジで3分加熱する。取り出して肉を返し、さらに電子レンジ3〜4分加熱して、そのまましばらくおく。
4 3の蒸し鶏を取り出し、1.5cm幅に切る。Aと3の煮汁を混ぜ合わせてタレを作り、蒸し鶏にかける。

stock! 
保存の際は青ねぎやしょうがもいっしょに容器に入れて。

point
a 
肉のくさみを消す香味野菜といっしょに加熱。

memo
電子レンジ加熱だからとっても手軽。煮汁にしょうがのみじん切り、ナンプラー、レモン汁を混ぜたタレ、パクチー、ご飯を添えて、シンガポールライスとしても。

作りおき&使い切りおかず

25分
707 kcal
*全量
冷蔵 5日間
冷凍 2週間

30分
781 kcal
*全量
冷蔵 4日間
冷凍 2週間
煮卵を除く

手羽中の甘辛揚げ

鶏手羽中 400gパック 使い切り

ピリッとした唐辛子の辛さとはちみつの甘さがマッチ。ご飯がすすむ味です。

材料（作りやすい分量）

鶏手羽中…400g
塩・こしょう…各小さじ½
強力粉…大さじ2
A ┌ 酢…大さじ2
  │ しょうゆ…大さじ1
  │ はちみつ…大さじ1
  │ 白いりごま…大さじ1
  └ 粉唐辛子（あれば韓国産）
     …小さじ½～1
揚げ油…適量

作り方

1 ファスナーつきポリ袋に手羽中を入れ、塩、こしょうをふり、よくもみ込む。さらに強力粉を加え、全体にまぶす。a

2 ボウルにAを入れ、混ぜ合わせる。

3 1を170℃の揚げ油でカリッとするまで10～15分じっくり揚げる。直接2のボウルに入れ、タレをよくからめる。

stock!
タレをからめて密閉容器に入れて保存。揚げてあるので日持ちする。

a 
point
ふるようにしてもむと、まんべんなく粉がまぶせる。

鶏の照り焼きと煮卵

鶏もも肉 2枚使い切り

シンプルな味の照り焼きです。残ったぶんは冷凍保存も。

材料（作りやすい分量）

鶏もも肉…2枚
ゆで卵…4個
長ねぎ・しょうが
（切れ端）…各適量
A ┌ しょうゆ…大さじ3
  │ みりん…大さじ3
  └ 酒…大さじ2
白髪ねぎ…½本分

作り方

1 鍋にA、長ねぎ、しょうがを入れる。形をととのえた鶏肉を皮目から加える。クッキングシートで落としぶたをし、さらに鍋のふたをして、中弱火で15～20分加熱する。

2 途中でひっくり返し、ゆで卵を加え、さらに加熱する。a

3 肉に火が通り、煮汁の味がしっかりしみ込むまで、強火でからめながら煮詰める。

4 鶏肉を食べやすい大きさに切って器に盛り、4等分に切ったゆで卵と白髪ねぎを添える。

stock! 
煮汁とともに密閉容器に入れて冷蔵。冷凍保存する場合は煮卵をのぞく。

a 
point
いっしょに煮ることで甘辛味の煮卵が簡単に完成！

鶏ハム

鶏むね肉2枚使い切り

おつまみはもちろん、豪華なサンドイッチの具としても◎。

40分 / 447 kcal *全量
冷蔵 4日間 / 冷凍 2週間

材料（作りやすい分量）

鶏むね肉…2枚
A [砂糖・塩…各大さじ½]
B [にんにく・しょうが（すりおろし）…各2片分]
酒…大さじ1
パクチー…適量

作り方

1 鶏肉は厚みのあるところに切り目を入れて開き、均一の厚さにする。切り目を入れた面を上におき、Aを薄くまぶしたあと、Bを薄く塗る。
2 筒状に巻き、酒をふり、ラップでしっかり形をつける。ファスナーつきポリ袋に入れ、できるだけ空気を抜く。a
3 深い鍋に水を8分目ほど入れて中火で熱し、沸騰直前に2を入れる。極弱火で熱し、途中返しながら35分ほど加熱する。
4 火を止めて完全に冷めてからポリ袋から取り出す。食べやすい大きさに切って器に盛り、パクチーをのせる。

stock! ゆでた袋の状態で切らずに保存。水分はしっかりふくこと。

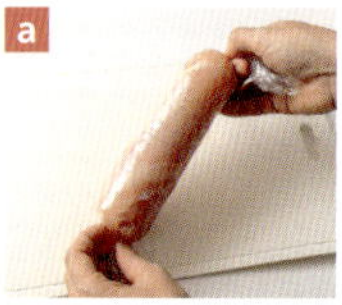

point 筒状にラップで成形。キャンディのように端をねじる。

鶏のから揚げ

鶏もも肉2枚使い切り

下味にはちみつを混ぜ、しょうがやにんにくの風味をマイルドに。お好みでおろし入りポン酢やスイートチリソースを添えても。

60分 / 791 kcal *全量
冷蔵 3日間 / 冷凍 2週間

材料（作りやすい分量）

鶏もも肉…2枚
塩…小さじ2
こしょう…適量
A [はちみつ…大さじ½ / にんにく（すりおろし）…2片分 / しょうが（すりおろし）…1片分 / しょうゆ・酒…各大さじ2]
B [片栗粉・強力粉…各大さじ2]
揚げ油…適量

作り方

1 鶏肉はひと口大に切り、厚みのあるところに切り目を入れる。ファスナーつきポリ袋に入れ、塩、こしょうをふり、よくもみ込んで15分ほどおく。a
2 1にAを入れ、さらにもみ込み、30分ほどおく。
3 2の鶏肉をペーパータオルなどで軽くおさえ、Bをまぶす。ギュッと握りながら170℃の揚げ油で5～6分揚げる。仕上げに油の温度を190℃に上げ、カリッとしたら取り出す。

stock! 油が出て衣がベタッとならないよう、ペーパータオルを敷いて保存。

point 下味を均一になじませるために、ポリ袋ごとバットに入れ、平らにならす。

作りおき&使い切りおかず

40分 582 kcal *全量
冷蔵 4日間
冷凍 2週間

35分 557 kcal *全量
漬ける時間は除く
冷蔵 3日間
冷凍 2週間

鶏むね肉の中国風煮込み

鶏むね肉2枚使い切り

冷めてもさっぱりいただけるのでお弁当にもOK。

:: 材料（作りやすい分量）

鶏むね肉…2枚
長ねぎ（5cm長さに切る）
　…2本分
A ┌ 酢…大さじ3
　│ しょうゆ…大さじ3
　│ 酒…大さじ2
　│ みりん…大さじ2
　│ はちみつ…大さじ2
　└ 八角（あれば）…1個

:: 作り方

1 鶏肉は皮を伸ばすように、形をととのえる。
2 鍋にAを入れて**強火**で熱し、ひと煮立ちしたら1と長ねぎを入れ、落としぶたをし、さらに鍋のふたをする。途中返しながら**中火**で20〜30分煮る。a
3 肉に火が通ったら**強火**にして煮詰め、照りが出るように煮汁をからめる。

stock!
長ねぎや煮汁ごと容器へ。パサパサ防止に落としぶたラップを。

point a
落としぶたはクッキングシートでもOK。

タンドリーチキン

鶏むね肉2枚使い切り

食欲を誘うカレーの香りがたまらない一品。下味は家にある材料でつけられます。

:: 材料（作りやすい分量）

鶏むね肉…2枚
塩・こしょう
　……各大さじ½
A ┌ プレーンヨーグルト
　│ 　…大さじ3
　│ にんにく（すりおろし）
　│ 　…1片分
　│ マヨネーズ・
　│ トマトケチャップ
　│ 　…各大さじ2
　│ カレー粉・
　└ ウスターソース
　　 …各大さじ1
ベビーリーフ…適量

:: 作り方

1 鶏肉は肉の面に格子状に隠し包丁を入れ、塩、こしょうをしっかりふる。
2 よく混ぜたAを1にすり込み、冷蔵庫で一晩おく。
3 タレごとアルミホイルで包み、魚焼きグリルに入れ、**中火**で20〜30分焼く。a 火が通ったらアルミホイルの上部を開き、焦げ目をつけるように焼く。
4 器に盛り、ベビーリーフを添える。

stock!
ホイルを外し、丸ごと保存容器へ。切り分けるのは食べる直前に。

point a
タレが焦げつかないように、ホイルで包む。

25

塩豚

豚バラかたまり肉
400gパック使い切り

⏱ 60分
788 kcal
*全量
漬ける時間は除く

冷蔵 5日間
冷凍 2週間

豚肉のおかず

豚バラのかたまり肉はおいしいのですが、脂が強すぎる場合も。熟成させて身がしまった塩豚にしてから、いろいろとアレンジするのがおすすめです。

豚のかたまり肉は火を通すにも時間がかかって手間が多い印象。だからこそ、まとめて調理してアレンジしやすい状態でストックするのがおすすめです。

材料(作りやすい分量)

豚バラ肉(かたまり)…400g
粗塩…大さじ1
A ┌ しょうが・長ねぎ(切れ端)
　│　…各適量
　└ 酒…100ml

作り方

1. 豚肉に粗塩をまぶし、ラップに包んで冷蔵庫で3日おく。 a
2. 鍋に1、A、ひたひたの水を入れて**強火**で加熱する。ひと煮立ちしたら**弱火**にし、アクを取りながら1時間ほど煮る。
3. そのまま冷まし、かたまったラードを丁寧に取り除く。

point a
ピタッと包んで。塩漬けにすることでうまみが凝縮。

stock! 
冷蔵・冷凍ともに使用量1回分ずつに切り分けて保存すると便利。

---

arrange ❶ ポッサム

塩豚を使って!

⏱ 5分
128 kcal

サンチュに塩豚やキムチなどの具を挟み、タレをつけていただきます。パーティなどにも合うメニューです。

材料(4人分)

塩豚…200g
サンチュ…10枚
青じそ…10枚
きゅうり(せん切り)…1本分
キムチ…100g
A ┌ にんにく(すりおろし)
　│　…1片分
　│ コチュジャン
　│　…大さじ2
　│ みそ・しょうゆ・
　└ 白すりごま…各大さじ1

作り方

1. 塩豚は5mm厚さに切って器に盛り、サンチュ、青じそ、きゅうり、キムチ、よく混ぜ合わせたAを添える。

作りおき&使い切りおかず

arrange ❷
ポークリエット

塩豚を使って!

スライスしたバゲットやクラッカーなどを添えて。
ちょっとおしゃれな前菜としてどうぞ。

:: 材料（作りやすい分量）

塩豚…100g
A ┌ コンソメスープの素（顆粒）…小さじ1
　 └ ドライハーブ（好みのもの）…小さじ½
バター…50g
塩・こしょう…各適量
ローリエ…1枚
バゲット（薄切り）…適量

:: 作り方

1 フードプロセッサーに1.5cm角に切った塩豚、Aを入れて撹拌する。
2 全体が混ざったら、バターを加え、さらに撹拌する。塩、こしょうで味をととのえる。
3 ココットに詰め、こしょうをふり、ローリエをのせる。バゲットを添える。

memo
ポークリエットとは豚肉を煮てパテ状にした料理のこと。本来なら時間をかけて煮込みますが、塩豚を使えばスピーディ。

10分　426 kcal *全量

arrange ❸
大根と豚バラの煮物

塩豚を使って!

和風の煮物にこそ塩豚バラがぴったり。
さっぱりとおいしく仕上がります。

:: 材料（2人分）

塩豚…200g
米…ひと握り
大根（2cmの輪切り）…½本分
玉ねぎ（くし形切り）…1個分
A ┌ しょうが（せん切り）…1片分
　 │ しょうゆ…大さじ3
　 │ 酒…大さじ2
　 └ だし汁…200ml

:: 作り方

1 大根は片面に十字の隠し包丁をする。鍋にかぶるくらいの水とともに大根、米を入れ、中火で15～20分下ゆでする。
2 鍋に塩豚、1の大根、玉ねぎ、Aを入れ、落としぶたをし、さらに鍋のふたをして、中火で加熱する。ひと煮立ちしたら弱火にし、30～40分煮込む。

60分　539 kcal

40分
826 kcal
*全量

冷蔵 3日間

冷凍 2週間
煮卵は除く

豚肩ロースのウーロン茶煮

豚肩ロース かたまり肉 400gパック 使い切り

ウーロン茶でさっぱり煮詰めます。余分な脂が落ち、うまみが凝縮した豚肉料理に。角切りにして白髪ねぎとともにチャーシューご飯にしてもおいしい！

:: **材料**（作りやすい分量）

豚肩ロース肉（かたまり）
　…400g
ゆで卵…4個
塩・こしょう…各大さじ½
にんにく（薄切り）…2片分
A ┌ ウーロン茶
　│　（濃いめに煮出す）
　│　…500ml
　│ 酒…100ml
　│ しょうゆ…50ml
　└ みりん…大さじ3

:: **作り方**

1 豚肉は塩、こしょうをすり込む。数カ所に切り込みを入れ、にんにくを差し込む。a

2 鍋にAを入れて中火で熱し、ひと煮立ちしたら1を入れる。落としぶたをし、さらに鍋のふたをして、中弱火で途中何度か返しながら30〜40分煮る。肉に火が入ったら途中ゆで卵を入れる。

3 肉に味がしみ込み、色がついてきたら、火を止める。

point
a
切り込みにうめるように、にんにくを刺していく。

stock!
煮汁やゆで卵とともに容器へ入れて保存。冷凍時はゆで卵を外す。

memo
炒飯やラーメンの具にしたり、サンドイッチにはさんだりとアレンジさまざま。焼き豚のような感覚で使えます。

作りおき&使い切りおかず

⏱ 20分
585 kcal
*全量

冷蔵 3日間　冷凍 1週間

おうちでもやわらかヒレカツ

豚ヒレ肉400gパック使い切り

よく叩くことでやわらかジューシーなヒレカツに仕上がります。

材料（作りやすい分量）

- 豚ヒレ肉…400g
- 塩・こしょう…各適量
- 卵…1個
- 水…大さじ1
- 強力粉…50g
- パン粉・揚げ油…各適量
- キャベツ・にんじん（各せん切り）・ソース・練りからし…各適量

作り方

1. 豚肉は斜めにそぎ切りにし、よく叩いてから平たい楕円に形をととのえ、塩、こしょうをふる。
2. 卵を溶きほぐし、分量の水と混ぜ合わせて卵液を作る。1に強力粉（分量外）を薄くはたき、卵液、強力粉、卵液の順にくぐらせ、パン粉を全体にまぶす。
3. 2を170℃の揚げ油で両面こんがり揚げる。バットに立てるようにおき、油をきる。[a]
4. 器に盛り、キャベツ、にんじん、ソース、練りからしを添える。

stock!
油が出て衣がベタッとならないよう、ペーパータオルを敷いて保存。

[a] point
立てることで油がたまることなく落ち、サックサクの衣に。

⏱ 20分
578 kcal
*全量

冷蔵 3日間　冷凍 1週間

豚キムチ

豚こま切れ肉400gパック使い切り

残ったらご飯といっしょに炒め、目玉焼きを添えてキムチ炒飯に。

材料（作りやすい分量）

- 豚こま切れ肉…400g
- キムチ…200g
- 長ねぎ（斜め薄切り）…1本分
- 酒…大さじ1
- 塩・こしょう…各小さじ1/3
- A [しょうゆ・みそ…各大さじ1]
- ごま油…小さじ1
- 万能ねぎ（小口切り）…適量

作り方

1. 豚肉は酒、塩、こしょうをふり、10分ほどおく。
2. フッ素樹脂加工のフライパンを中火で熱し、1を入れて炒める。肉から脂が出てきたら中強火にし、長ねぎを加えて炒める。さらにキムチを加えて炒める。
3. 汁けがなくなったら、Aをよく混ぜてから加え、さらに炒める。ごま油をまわしかけ、火を止める。
4. 器に盛り、万能ねぎをかける。

stock! 
キムチもいっしょに保存するので、しっかり密閉できる容器で。

memo
アボカド、レタスといっしょにのり巻きに。温玉と小ねぎといっしょに豚キムチ丼でも。

牛のすね肉のビール煮

脂肪分の少ないすね肉を、ビールを使って、ほろほろになるまで柔らかく煮込みます。
すね肉はコラーゲンたっぷりだから、美容的にもぜひとりたい食材です。

牛すね肉300gパック使い切り

材料（作りやすい分量）

牛すね肉（かたまり）…300g
塩・こしょう…各小さじ1
A ┌ 缶ビール…1缶（350mℓ）
  │ コンソメスープの素（顆粒）
  │ …大さじ1
  └ ローリエ…1枚
B ┌ 玉ねぎ（くし形切り）…1個分
  │ トマト缶（ホール）
  │ …1缶（400g）
  └ トマトケチャップ…大さじ3
オリーブオイル…大さじ1

作り方

1 牛肉は塩、こしょうをすり込み、30分ほど室温におく。
2 鍋にオリーブオイルを中強火で熱し、1を入れて焼く。焼き色がついたらAを入れ、沸騰したら弱火で1時間ほど煮る。[a]
3 Bを加えてさらに30分〜40分煮詰める。
4 塩、こしょう各少々（分量外）で味をととのえる。

point

[a] ビールの炭酸が肉を柔らかく。ラガーなど熟成したタイプが◎。

memo

かたまり肉は室温に戻してから加熱すると、火の通りが均一になってムラがなくなります。

stock!

落としぶたラップをして、冷めたら外して冷蔵庫に入れて保存。

牛肉のおかず

せっかくの牛肉も時間とともにどんどん劣化していきます。だから買ってきたらすぐに調理。かたまり肉から薄切り肉までおいしく保存できますよ。

2時間
559 kcal
*全量
冷蔵5日間
冷凍2週間

作りおき&使い切りおかず

10分 425 kcal *全量　冷蔵3日間　冷凍1週間

牛もも薄切り肉300gパック使い切り

しゃぶしゃぶサラダ

シャキシャキ野菜と一緒にお肉をたっぷり！
パパッとできるごちそうサラダ。

:: 材料(作りやすい分量)

牛もも薄切り肉
　（しゃぶしゃぶ用）…300g
レタス（食べやすい大きさ
　にちぎる）…½玉分
ベビーリーフ…適量
きゅうり
　（ピーラーで薄切り）
　…1本分
紫玉ねぎ（薄い輪切り）
　…½個分
酒…50ml
＊ドレッシング＊
　レモン汁…大さじ3
　しょうゆ・ごま油
　　…各大さじ1
　塩…小さじ1
　こしょう…適量

:: 作り方

1. 鍋に水を8分目まで注ぎ、酒を入れて中火にかける。沸騰したら、牛肉をサッとくぐらせ、氷水にとり、水けをきる。
2. ドレッシングの材料を混ぜ合わせる。
3. 器にレタス、ベビーリーフ、きゅうりを盛り、1をのせる。紫玉ねぎをのせ、2をまわしかける。

stock!
水けをきるために、容器の底にキッチンペーパーを敷いて保存。

牛切り落とし肉300gパック使い切り

15分 535 kcal *全量　冷蔵3日間　冷凍1週間

牛肉とえのきのしぐれ煮

主菜にも副菜にもなる牛肉の常備菜。
おかずや丼などアレンジにトライしてみて！

:: 材料(作りやすい分量)

牛切り落とし肉…300g
えのきだけ（大）
　…1パック分
しょうが（針しょうが）
　…2片分
酒…大さじ1
A［しょうゆ・はちみつ
　　…各大さじ2
ごま油…大さじ1

:: 作り方

1. 鍋にごま油を中火で熱し、しょうがを入れて炒める。香りが出てきたら、牛肉を加えて炒める。肉の色が変わったら、根元を切り落とし、3cm幅に切ったえのきだけを入れてさらに炒める。
2. 全体に油がまわったら酒を加える。ひと煮立ちしたら、Aを加えて強火にし、さらに炒め煮にする。

stock!
乾燥しないよう表面に落としぶたラップをして、冷めたら外して。

memo
キャベツのせん切りにのせてメインに、ご飯にのせて丼に、炊き込みご飯や焼きうどんの具などいろいろアレンジ！

ひき肉のおかず

⏱ 35分 780 kcal

⏱ 45分 695 kcal

ひき肉は材料を混ぜ合わせて練ってハンバーグや肉団子の状態にするか、調味料と炒め合わせてそぼろにしておくと使い勝手がよく、重宝します。

合いびき肉 400gパック 使い切り

同じ肉だねで！

ハンバーグ＆ミートローフ

肉だねを作っておけば、ハンバーグにもミートローフにも活用できて便利。ソースなどでアレンジしやすいシンプルな味です。

ハンバーグ＆ミートローフの肉だね

:: 材料（作りやすい分量）

- 合いびき肉…400g
- 玉ねぎ（みじん切り）…1/4個分
- コンソメスープの素（顆粒）…小さじ2
- A ┌ パン粉…3/4カップ
    │ 卵…1個
    │ 白ワイン…大さじ2
    │ 塩…小さじ1/2
    └ こしょう…適量

stock!
ファスナーつきポリ袋に空気をなるべく抜いた形で保存。

冷蔵 2日間 / 冷凍 2週間

⏱ 10分 1158 kcal ＊全量

:: 作り方

1. 耐熱ボウルに玉ねぎ、コンソメスープの素を入れ、ふんわりとラップをかけ、電子レンジで2分加熱する。
2. 1にひき肉、Aを加え、よくこねる。

variation ❶ ハンバーグ

:: 材料（4人分）

ハンバーグ＆ミートローフの肉だね半量、＊ソース＊【トマトケチャップ大さじ4、ソース大さじ3、赤ワイン大さじ1】、オリーブオイル大さじ1/2

:: 作り方

1. 肉だねを小判形に成形し、まんなかをくぼませる。
2. フライパンにオリーブオイルを中火で熱し、1を入れて焼く。こんがり焼き色がついたら、ひっくり返してふたをし、火が通るまで15～20分焼く。
3. ハンバーグを取り出し、フライパンの脂分をペーパータオルなどでさっとふき取る。ソースの材料を入れて強火で熱し、煮詰めてかける。

variation ❷ ミートローフ

:: 材料（4人分）

ハンバーグ＆ミートローフの肉だね半量、ベーコン10枚

:: 作り方

1. 耐熱容器に、器から端をはみ出すようにベーコンを敷き詰める。肉だねを入れ、はみ出したベーコンでくるむ。 a
2. 天板に1をとじめが下になるように上下をひっくり返し、器ごとおく。170℃のオーブンで中に火が通るまで30～40分焼く。

point
耐熱容器のふちにかけるようにベーコンを敷いて。

作りおき&使い切りおかず

鶏肉団子のたね

鶏ももひき肉400gパック使い切り

stock!

ファスナーつきポリ袋に空気をなるべく抜いた形で保存。

:: 材料（作りやすい分量）

鶏ももひき肉…400g
木綿豆腐…200g
長ねぎ（粗みじん切り）…1本分
しょうが（みじん切り）…1片分
片栗粉…大さじ2
白いりごま…大さじ1
酒…大さじ1
塩…小さじ1

10分
1119 kcal
*全量

冷蔵2日間
冷凍2週間

:: 作り方

ボウルに材料をすべて入れ、よくこねる。

同じ肉だねで！

鶏肉団子鍋と鶏つくね

木綿豆腐を入れてふわっふわに仕上げました。
ねぎやしょうが、白いりごまの風味で
和食の味つけによくあいます。

variation ❶
肉団子鍋

:: 材料（4人分）

鶏肉団子のたね全量
＊鍋の具＊【白菜¼個、長ねぎ1本、チンゲン菜1株、マロニー（乾燥）50g】
A【水600㎖、酒100㎖、鶏がらスープの素大さじ1、塩小さじ1】
ゆずこしょう（好みで）適量、ごま油大さじ½

:: 作り方

1 鍋の具の野菜を食べやすく切る。鍋に野菜とマロニーを並べ、合わせたAを注ぎ、強火で加熱する。
2 手にごま油をつけ、鶏肉団子のたねを小さく丸める。1に加え、ふたをして肉団子に火が通るまで中火で煮る。ゆずこしょうを添える。a

20分
411 kcal

↘ point ↙

a

手にごま油をつけるとくっつかずにきれい。

variation ❷
野菜たっぷりつくね

:: 材料（2人分）

鶏肉団子のたね半量、にんじん・ごぼう（せん切り）各¼本分、
A【水50㎖、しょうゆ・みりん各大さじ2、酒大さじ1、鶏がらスープの素小さじ1】水溶き片栗粉（片栗粉小さじ1を水大さじ1で溶く）、卵黄（好みで）1個分、ごま油適量

:: 作り方

1 ボウルに鶏肉団子のたね、にんじん、ごぼうを入れて混ぜ合わせる。
2 手にごま油をつけ、1を小判形に成形する。
3 フッ素樹脂加工のフライパンに2を並べ、中火で両面焼く。ふたをして10〜15分焼く。つくねを取り出す。
4 3のフライパンにAを入れ、強火で煮る。ひと煮立ちしたら水溶き片栗粉を加えてとろみをつける。つくねを戻し入れ、からめる。
5 器に盛り、卵黄を添える。

20分
434 kcal

シュウマイと和風ハンバーグ

同じ肉だねで!

豚肉と玉ねぎのうまみが合わさってジューシーな肉だねです。
和風や中国風のレシピによく合い、蒸しても焼いてもおいしく仕上がります。

シュウマイのたね

:: 材料（作りやすい分量）

豚ひき肉…400g
玉ねぎ（みじん切り）…½個分
卵白…1個分
片栗粉…大さじ2
酒…大さじ1
しょうゆ…大さじ½
鶏がらスープの素…小さじ1

豚ひき肉400g
パック使い切り

:: 作り方

ボウルに材料をすべて入れ、よく混ぜる。

10分
1005 kcal
*全量

stock!

ファスナーつきポリ袋に空気をなるべく抜いた形で保存。

冷蔵2日間 / 冷凍2週間

---

variation ❶ シュウマイ

:: 材料（20個分）

シュウマイのたね全量、シュウマイの皮20枚、キャベツの葉2枚

:: 作り方

1 シュウマイのたねを20等分し、シュウマイの皮で包む。
2 蒸し器にキャベツを敷き、1をのせる。強火で加熱し、中に火が通るまで15分ほど蒸す。

30分
50 kcal
*1個あたり

---

variation ❷ 和風ハンバーグ

:: 材料（5個分）

シュウマイのたね半量
A【しょうが（みじん切り）1片分、だし汁100㎖、しょうゆ・みりん各大さじ2、酒大さじ1】
水溶き片栗粉（片栗粉小さじ1を水大さじ1で溶く）、ごま油大さじ1、キャベツ（せん切り）・水菜（食べやすい大きさに切る）、青じそ（せん切り）…各適量

:: 作り方

1 手にごま油大さじ½（分量外）をつけ、シュウマイのたねを小判形に成形する。
2 フライパンにごま油を中火で熱し、1を入れて焼く。焼き色がついたら、ひっくり返してふたをし、さらに10分ほど焼く。ハンバーグを取り出す。
3 2のフライパンにAを入れて中火で熱し、ひと煮立ちしたら水溶き片栗粉を加え、とろみをつける。
4 器にキャベツと水菜を敷き、2をのせる。3をかけ、青じそをのせる。

20分
158 kcal
*1個あたり

作りおき&使い切りおかず

15分
152 kcal

15分
520 kcal

同じ肉そぼろで!

ピリ辛そぼろ丼&かぼちゃのそぼろあんかけ

家にある材料で簡単にできるそぼろは常備しておくと便利。
気軽な丼やお弁当のおかず、あんかけの具などいろいろと使えますよ。

そぼろ

:: 材料（作りやすい分量）

豚ひき肉…400g
しょうが（みじん切り）…1片分
A［酒・しょうゆ・みりん…各大さじ3
　白いりごま…大さじ2］

:: 作り方

1 フッ素樹脂加工の鍋を中火で熱し、豚ひき肉を入れて炒める。色が変わったらしょうがを加えてさらに炒める。
2 Aを加え、強火で水分を飛ばすように炒める。

stock!
乾燥しないよう表面にピタッと落としぶたラップをかけて保存。

15分
1160 kcal
*全量

冷蔵 1週間
冷凍 2週間

variation ❶
ピリ辛そぼろ丼

:: 材料（2人分）

そぼろ大さじ6、食べるラー油大さじ2、白いりごま大さじ1、ご飯茶碗2杯分、万能ねぎ（みじん切り）5本分

:: 作り方

1 ボウルにそぼろ、食べるラー油、白いりごまを入れ、よく混ぜる。
2 丼にご飯を盛り、1をのせ、万能ねぎをふる。

memo
そのままご飯にかけてそぼろ丼もいいけど、ひと手間加えて大人のピリ辛味に。

variation ❷
かぼちゃのそぼろあんかけ

:: 材料（4人分）

そぼろ大さじ4
かぼちゃ（ひと口大に切る）¼個分
A【だし汁100㎖、みりん大さじ2、しょうゆ小さじ1】
水溶き片栗粉（片栗粉小さじ1を水大さじ1で溶く）、白いりごま小さじ1

:: 作り方

1 鍋にかぼちゃとAを入れ、落としぶたをし、中弱火でかぼちゃがやわらかくなるまで15～20分加熱する。かぼちゃを取り出す。
2 1の鍋にそぼろを加え、中火で加熱する。煮汁が少なかったらさらにだし汁（分量外）を足し、沸騰したら水溶き片栗粉を加え、とろみをつける。
3 器にかぼちゃを盛り、2をかけ、白いりごまをふる。

あじのカレーそぼろ

あじ(大)3尾使い切り

DHAやEPAが豊富なあじを、使いやすいそぼろ状に。
カレーの香りが食欲をそそります。マヨであえてバゲットに塗っても。

:: 材料(作りやすい分量)

- あじ(大)
  …3尾(小ぶりなら6尾)
- カレー粉…大さじ1
- にんにく(みじん切り)…2片分
- 塩・こしょう…各適量
- オリーブオイル…大さじ1

:: 作り方

1. あじは三枚におろし、塩大さじ1(分量外)をふり、15分ほどおく。ペーパータオルなどで水けをふき取り、カレー粉をまぶす。a
2. フライパンにオリーブオイルを弱火で熱し、にんにくを入れて炒める。香りが出たら1を加え、中火でほぐしながら炒める。塩、こしょうで味をととのえる。

point
a
カレー粉が魚のくさみを弱める。

stock!
内臓をとり、水分を飛ばすように炒めたから冷蔵で5日保存可能。

memo
ご飯の上にかけ、青じそや白いりごま、万能ねぎなどふれば、大人の舌も満足させる丼に。遅く帰宅した夫に夜食をパパッと用意するときにも使えます。

青魚のおかず

生活習慣病予防や脳の活性に効果があるといわれるDHAやEPAが豊富な青魚。反面、傷みやすいという弱点も。おかずの素にすれば長持ちするうえ魚を食べる機会も増えますよ。

30分
437 kcal
*全量

冷蔵5日間
冷凍1週間

作りおき&使い切りおかず

40分
1059 kcal
*全量
冷蔵 5日間
冷凍 1週間

30分
1192 kcal
*全量
冷蔵 3日間
冷凍 1週間

ごまいわし

いわし(小)8尾 使い切り

黒酢を使って骨までやわらかく煮ます。
簡単なのに本格和食のおしゃれな一皿に。

:: 材料(作りやすい分量)

いわし(小)…8尾
しょうが(薄切り)…3片分
塩…小さじ2
A ┌ 黒酢・しょうゆ・酒
  │   …各大さじ3
  │ はちみつ…大さじ2
  └ 昆布(酒で戻す)…適量
白すりごま…適量

:: 作り方

1 いわしはウロコを取って頭を落とし、内臓を取り除き、塩をふり、15分ほどおく。
2 鍋にAを入れ、中火で加熱する。沸騰直前に昆布を取り出して細切りにし、いわし、しょうがと一緒に鍋に入れる。
3 落としぶたをして、さらに鍋のふたをし、中弱火で20〜30分煮る。途中数回いわしに煮汁をかける。
4 器に盛り、半分にはすりごまをまぶす。a

stock!
白すりごまをふったものとふっていないものは分けて保存。

a 
point
白すりごまは身が隠れるほどたっぷりふる。

さばのエスニック風竜田揚げ

さば1尾 使い切り

スイートチリソースとナンプラーの組み合わせが絶品。アジア料理好きの方はぜひ!

:: 材料(作りやすい分量)

さば…1尾
塩・こしょう
  …各小さじ1〜2
片栗粉…大さじ1
漬けダレ
  ┌ スイートチリソース
  │   …大さじ2
  └ ナンプラー…大さじ1
揚げ油…適量
パクチー…適量

:: 作り方

1 さばは三枚におろしてから1cm幅のそぎ切りにし、しっかり塩、こしょうをふり、15分ほどおく。ペーパータオルなどで水けをふき取り、片栗粉を薄くまぶす。
2 180℃の揚げ油で1をカリッと揚げる。
3 揚げ油から取り出したらすぐに、混ぜ合わせた漬けダレをからめる。器に盛り、パクチーをのせる。a

stock! 
タレごと容器に入れて冷蔵。2日目以降も味がなじんでおいしい。

a 
point
この漬けダレは鶏の南蛮漬けにもおすすめ。

37

鮭の南蛮漬け

生鮭4切れ使い切り

鮭を揚げてから、はちみつとレモン汁がきいた漬け汁にからめます。ひと口サイズに盛れば、おもてなしにも最適。

:: 材料（作りやすい分量）

- 生鮭（切り身）…4切れ
- にんじん（せん切り）…½本分
- 玉ねぎ（薄切り）…½個分
- ピーマン（せん切り）…2個分
- セロリ（せん切り）…1本分
- 塩…適量
- こしょう…適量
- 強力粉…大さじ1
- A
  - 酢・はちみつ…各大さじ2
  - しょうゆ…大さじ½
  - 塩…小さじ1
  - レモン汁…大さじ3
- 揚げ油…適量
- レモン（いちょう切り）…輪切り3枚分

:: 作り方

1. 鮭を3等分に切り、塩、こしょうをしっかりふり、15分ほどおく。ペーパータオルなどで水けをふき取り、強力粉を薄くまぶす。 a b
2. ボウルにAを混ぜ合わせ、野菜とあえる。
3. 1を170℃の揚げ油で、カリッとなるまで10〜15分揚げる。
4. 3を2に入れ、野菜やタレとよくあえる。器に盛り、レモンをのせる。

memo
熱い状態の鮭を直接タレにからめることによって、酢の酸味が和らぐとともに、熱で野菜がしんなりし、食べやすくなる。

point
a くさみの元になるので、塩をふって出た水けはしっかりとふく。 

b 粉を薄くまぶしたいときはポリ袋が便利。

stock!
粗熱がとれるまで落としぶたラップで、冷めたら外して保存を。

切り身魚のおかず

おろさなくていいから魚は断然切り身が手軽。だけどついいつも塩焼きにしていませんか？ひと手間かけてもストックできる料理なら結果的に時短できて脱マンネリも実現！

30分
1111 kcal
*全量

冷蔵3日間

作りおき&使い切りおかず

30分 511 kcal *全量 / 冷蔵3日間 / 冷凍1週間

10分 460 kcal *全量 / 冷蔵3日間 / 冷凍1週間
*漬ける時間は除く

ぶりの照り焼き

ぶり（切り身）4切れ 使い切り

煮汁に黒酢を入れてさっぱりと。
冷めてもおいしいからお弁当にも。

:: 材料（作りやすい分量）

ぶり（切り身）…4切れ
長ねぎ（5cm幅）…1本分
ししとう…8本
塩…小さじ1
こしょう…適量
強力粉…大さじ1
A ┌ しょうゆ・黒酢…各大さじ2
　└ 酒・みりん…各大さじ½
ごま油…大さじ1

:: 作り方

1 ぶりは半分に切り、塩、こしょうをまぶし、15分ほどおく。ペーパータオルなどで水けをふき取り、強力粉を薄くまぶす。

2 フライパンにごま油を中火で熱し、1を入れ、両面3〜4分ずつ焼く。途中で長ねぎ、ししとうを加え、焦げ目をつける。

3 Aを加えて強火にし、煮からめる。

memo
塩をふることで魚のくさみや余分な水分を出て、煮汁の味がからみやすくなる。

stock!
長ねぎやししとうもいっしょに密閉容器に入れて保存。

鮭のゆず麹漬け

サーモン（刺身用）200g 使い切り

ゆずのさわやかな香りと味がアクセントに。
ふんわりとした上品な仕上がりは麹漬けならでは。

:: 材料（作りやすい分量）

サーモン（刺身用）…200g
長ねぎ（5cm幅）…1本分
ゆず…1個
A ┌ 西京みそ…大さじ3
　└ 塩麹…大さじ2

:: 作り方

1 ゆずは果汁をしぼったあと、輪切りにする。

2 サーモンはひと口大に切り、ペーパータオルに包む。

3 A、1の果汁、輪切りをよく混ぜて、ゆず麹を作る。

4 3のゆず麹大さじ½を取り分け、残りのゆず麹を2のペーパータオルの上から塗り込み、冷蔵庫に一晩おく。a

5 4のペーパータオルを取り、長ねぎとともにグリルに入れ、中火で両面2〜3分ずつ焼く。途中、取り分けていたゆず麹をねぎに塗り、さらに焼く。

stock!
ゆず麹をつけたままの状態の長ねぎもいっしょに密閉容器に保存。

point
ゆず麹はペーパーの上から塗るから、ぬぐう手間なし！

豆腐のおかず

良質のたんぱく質を含み、ヘルシーな食材である豆腐がメインになるおかずをご紹介。女性ホルモンを補う働きもあるから特に女性はまめにとりたいですね。

五目白あえ

絹ごし豆腐1丁使い切り

白練りごまを入れてクリーミーな口当たりに。野菜がたっぷり入っていてボリューム感が高い一皿です。

:: 材料（作りやすい分量）

絹ごし豆腐…1丁（300g）
きくらげ（乾燥）…5g
さやいんげん…3本
れんこん…50g
にんじん（小さめの短冊切り）
　…½本分
こんにゃく（小さめの短冊切り）
　…50g

A ┌ 酒…大さじ1
　│ だし汁…大さじ2
　│ はちみつ…大さじ½
　└ しょうゆ…大さじ1

B ┌ 白練りごま…20g
　│ 白すりごま…10g
　│ みりん（煮きる）…大さじ1
　└ しょうゆ・塩…各小さじ1

ごま油…大さじ½
白いりごま（好みで）…適量

:: 作り方

1 絹ごし豆腐は厚さが⅔になるまで水きりする。きくらげは水で戻し、半分に切ったあと、5mm幅に切る。さやいんげんは2mm幅の斜め切りにする。れんこんは4つ切りにしたあと、2mm幅に切り、酢水（水200mlに対し酢大さじ1）につけてアク抜きをする。 a b

2 鍋にごま油を**中火**で熱し、野菜、こんにゃくを入れて炒める。にんじんがしんなりしたら、**A**を上から順に加え、炒り煮にする。粗熱をとる。

3 ボウルに**1**の豆腐を入れてくずし、**B**を加えてなめらかに混ぜる。**2**を加え、さらに混ぜる。器に盛りつけ、白いりごまをふる。 c

stock! 
できあがったらそのまま保存容器に入れ、冷蔵庫へ。

15分
597 kcal
*全量
水きりの時間は除く

冷蔵
3日間

» point «

a 豆腐の水きりは水が逆戻りしないよう、厚めのペーパーで包む。

b 豆腐の上にバットを重ね、缶詰などを使って重しとする。

c 野菜を入れる前に、豆腐と調味料を、なめらかになるまで混ぜる。

作りおき&使い切りおかず

15分
579 kcal
*全量
水きりの時間は除く
冷蔵 2日間

15分
730 kcal
*全量
水きりの時間は除く
冷蔵 3日間

豆腐のステーキ

木綿豆腐1丁 使い切り

揚げだし豆腐風に薄い衣をつけました。
甘辛味のタレによくからんで美味。

:: 材料（作りやすい分量）

木綿豆腐…1丁(300g)
玉ねぎ（くし形切り）
　…1個分
片栗粉…大さじ1
A ┌ しょうゆ・はちみつ
　│　　…各大さじ2
　└ 酒…大さじ1
ごま油…大さじ1
水菜（ざく切り）・
　七味唐辛子…各適量

:: 作り方

1 豆腐は水きりし、厚さが半分になるまでおく。厚さを半分に切り、片栗粉をまぶす。

2 フライパンにごま油を中弱火で熱し、1を入れ、両面こんがり焼く。

3 豆腐を取り出したあと、玉ねぎとAを入れ、玉ねぎがしんなりするまで炒める。器に水菜を敷き、豆腐を盛り、タレをかけ、七味唐辛子をふる。

stock!
タレをかけた状態で保存。豆腐を重ねる場合はタレを間にもはさむ。

memo
お好みで七味唐辛子をかける。ベーグルや、雑穀パンにはさんでもおいしい。

そぼろ豆腐

木綿豆腐1丁 使い切り

豆腐を入れたぶん、ひき肉だけよりも
ふんわりとした食感のそぼろです。

:: 材料（作りやすい分量）

木綿豆腐…1丁(400g)
鶏ひき肉…200g
A ┌ しょうゆ…大さじ3
　│ 砂糖…大さじ1
　└ 塩…小さじ1
ごま油…小さじ1
万能ねぎ（小口切り）
　…適量

:: 作り方

1 豆腐は水きりし、厚さが半分になるまでおく。

2 フッ素樹脂加工のフライパンを中火で熱し、ひき肉を入れて炒める。肉から脂が出たら、1を崩しながら入れている。

3 2にAを加えてさらに炒め、仕上げにごま油をまわしかけ、混ぜ合わせる。器に盛り、万能ねぎをふる。

stock!
そぼろの粗熱がとれたら保存容器に入れて冷蔵庫へ。冷蔵のみで冷凍は不可。

memo
ご飯の上にのせてそぼろ丼にしたり、オムレツの具にしたりとアレンジ自在。

卵の作りおき&アレンジレシピ

冷蔵庫に常備されている卵は、副菜はもちろん主菜にもなる便利食材。
ゆで卵といり卵の2つの作りおきおかずがアレンジしやすくておすすめです。

ゆで卵

卵3個 使い切り

ゆで卵も殻をむかなければ冷蔵保存が可能です。
12分ゆでれば固ゆで、7分だったら半熟に。保存するときは固ゆでで。

::材料（3個分）

卵…3個
A [酢…大さじ½
　　塩…小さじ1]

::作り方

1 鍋に水800ml（分量外）を入れて沸騰させ、A、卵を入れて弱中火にし、7～12分ほどゆでる。
2 1の卵を冷水につける。そっと殻にひびを入れて、殻と卵の間に水を入れるようにやさしくむく。

15分
83 kcal
*1個あたり

冷蔵
3日間

memo
ゆでるときに酢と塩を入れておくと、殻が割れてもたんぱく質を素早く固めて、中身が流れ出にくい効果が。水につけながら殻をむくときれいにむけます。

arrange ❶

肉巻卵

薄切り肉と組み合わせてゆで卵をメインに。
大人も子どもも大好きな甘辛い味です。

材料（3個分）

- ゆで卵…3個
- 牛もも薄切り肉…6枚
- 強力粉…適量
- A ┌ しょうが（すりおろし）…1片分
    └ しょうゆ・はちみつ…各大さじ3
- ごま油…大さじ1

作り方

1. ゆで卵は牛肉を巻きつけ、手でしっかり密着させ、強力粉をふり、しばらくおく。
2. フライパンにごま油を中火で熱し、1を入れる。全体に焼き色がついたら、ふたをして弱火で5分ほど加熱する。
3. 2にAを加えて中火にし、煮からめる。

memo
薄切り肉が少しだけ余ったときに覚えておくと便利なレシピです。冷めてもおいしいからお弁当のおかずにも◎。

15分
492 kcal
*1個あたり

arrange ❷

卵サラダ

ゆで卵は大きめに切るのがおいしさのコツ。
マイルドな卵に玉ねぎとセロリのさわやかな辛みがマッチ。

材料（作りやすい分量）

- ゆで卵…3個
- 玉ねぎ（薄切り）…¼個分
- セロリ（薄切り）…½本分
- 水きりプレーンヨーグルト…大さじ2
- A ┌ ハム（みじん切り）…3枚分
    │ マヨネーズ…大さじ1
    │ 塩…小さじ½
    └ こしょう…適量
- 塩…小さじ¼
- サラダ菜…適量
- イタリアンパセリ…少々

作り方

1. 玉ねぎは水にさらし、水けをしぼる。セロリとともに塩をまぶして10分ほどおき、さらに水けをしぼる。ゆで卵はざく切りにする。
2. ボウルに1、Aを入れ、よく混ぜ合わせる。
3. 器にサラダ菜を敷き、2を盛り、イタリアンパセリを飾る。

＊水きりヨーグルトはヨーグルトをザルにあげて一晩水きりする。

memo
サンドイッチの具にしたり、薄切りバゲットの上にのせてオードブル風にしても。

15分
497 kcal

⏱ 10分
367 kcal
*全量

冷蔵
2日間

いり卵

卵4個
使い切り

砂糖と塩だけを使ったシンプルな味。
フッ素樹脂加工の鍋で油も不使用だからとってもヘルシー。

::材料(作りやすい分量)

卵…4個
A [砂糖…大さじ1
    塩…小さじ1]

::作り方

1 ボウルに卵を割り、Aを加え、よく混ぜ合わせる。
2 フッ素樹脂加工の鍋を中火で熱し、1を流し入れる。割り箸2組で手早くかき混ぜながら、細かいポロポロの状態にする。

memo
P.16の肉みそでご紹介した通り、2組の箸を使うと、よりポロポロの状態に仕上がります。冷凍はできないので、作ったらなるべく早めに使い切って。

arrange ❶
卵サンド

ハムのしょっぱさを利用した味つけ。
パパッと食べたい日の朝食やランチにも大活躍！

:: 材料（2人分）
- いり卵…大さじ6
- パン（イングリッシュマフィン）…2個
- 玉ねぎ（薄切り）…⅛個分
- サラダ菜…4枚
- A
  - ハム（みじん切り）…2枚分
  - マヨネーズ…大さじ2
  - 塩・こしょう…各適量

:: 作り方
1. 玉ねぎは水にさらし、水けをしぼる。
2. ボウルにいり卵、1、Aを入れてよく混ぜる。
3. マフィンを割り、2の半量、サラダ菜2枚を挟む。同様にもう1個作る。

memo
イングリッシュマフィンの他に、サンドイッチ用食パンやバーガーバンズ、トルティーヤにも合います♪

⏱ 10分 / 433 kcal

---

arrange ❷
じゃこ炒飯（チャーハン）

がっつり食べたいときは炒飯に利用。
ガーリックとごま油の香りが食欲を誘います。

:: 材料（2人分）
- いり卵…大さじ5
- ちりめんじゃこ…50g
- ご飯…茶碗3杯分
- にんにく（みじん切り）…2片分
- 万能ねぎ（小口切り）…5本分
- ごま油…大さじ1

:: 作り方
1. フライパンにごま油とにんにくを**弱火**で熱し、香りが出たら**中火**にしてちりめんじゃこを加え、炒める。
2. 1にご飯を加えて炒め、いり卵、万能ねぎを加え、さらに炒める。

memo
ご飯の上にのせてそぼろごはんもいいけど、ひと手間かけてご飯と炒め合わせれば、おいしい炒飯に！

⏱ 15分 / 524 kcal

大根と油揚げのさっと煮

大根½本使い切り

やさしいだし汁を含んだ油揚げがじんわりおいしい。
大根は疲れた胃をいやすので暴飲暴食が続いたときにも。

材料（作りやすい分量）

- 大根…½本
- 油揚げ…2枚
- 酒…大さじ2
- だし汁…500mℓ
- しょうゆ…大さじ2
- 塩…少々
- ごま油…大さじ1

作り方

1. 大根は皮をむいてスライサーで薄い輪切りにする。油揚げは熱湯をかけて油抜きをし、8等分に切る。 a
2. 鍋にごま油を中火で熱し、大根を入れて炒める。全体に油がまわったら酒を加える。ひと煮立ちしたら、だし汁、油揚げを加えて10～15分煮る。
3. 大根がしんなりしたら、しょうゆをまわし入れ、塩で味をととのえる。

point
a スライサーで薄い輪切りにすればあっという間に火が通る！

stock! 煮汁も油揚げもいっしょに、密閉容器で保存。冷凍は不可。

大根のおかず

冬が旬の大根は、ビタミンCが豊富で消化を助ける酵素も含む優秀野菜。一本安く買えたときは、大量消費できて保存可能なレシピをチェックして！

20分 485 kcal ＊全量
冷蔵 4日間

作りおき&使い切りおかず

20分 / 129 kcal ※1個あたり / 冷蔵2日間 / 冷凍1週間

10分 / 152 kcal ※全量 / 冷蔵2日間

大根とベーコンのおやき

大根½本使い切り

外はカリカリ、中はもっちもち。
ベーコンとチーズで満足度大！

材料（6個分）

大根…½本
A ┌ ベーコン（細切り）…4枚分
  │ ピザ用チーズ…50g
  └ 片栗粉…大さじ2
塩…小さじ2
オリーブオイル…大さじ1
サラダ菜…適量

作り方

1 大根はスライサーでせん切りにする。塩をふって10分ほどおき、水けをしぼる。
2 ボウルに1、Aを入れ、よく混ぜる。
3 フライパンにオリーブオイルを中火で熱し、2を6等分にして小判形になるように流し入れる。こんがりとするまで両面1分30秒ずつ焼く。
4 器に盛り、サラダ菜を添える。

stock! 油でベタッとならないよう、容器の中で立てて保存。

memo 酒のつまみや小腹がすいたときのおやつに。冷めたらトースターでカリッと温めて。

大根ときゅうりのもずく酢

大根½本使い切り

スライサーを利用すれば
10分でできちゃうスピードメニュー！

材料（作りやすい分量）

大根…½本
きゅうり…2本
もずく酢（味付けタイプ）…3パック
白いりごま…適量

作り方

1 大根ときゅうりはスライサーでせん切りにする。a
2 ボウルに1、もずく酢を入れ、よく混ぜ合わせる。
3 器に盛り、白いりごまをかける。

stock! もずく酢のつゆごと密閉容器に入れて保存。冷凍は不可。

point a 薄切りだけでなく、せん切りもスライサーで。

簡単ロールキャベツ

キャベツ½個を使い切り

ひき肉ではなく薄切り肉を使うため、
玉ねぎを刻んだり練ったりする手間なくラクチンです♪

:: 材料（10個分）

- 豚バラ薄切り肉（しゃぶしゃぶ用）…10枚
- キャベツの葉…10枚
- ハーブソルト…適量
- A
  - 水…800ml
  - コンソメスープの素（顆粒）…小さじ2
  - ローリエ…1枚
- 塩・こしょう…各適量
- ローズマリー（好みで）…適量

:: 作り方

1. 鍋にキャベツと少量の水を入れてふたをし、**中火**で1分30秒ほど蒸す。
2. 1の芯をそいで1枚広げ、中心に豚バラ肉1枚をおき、ハーブソルトをふる。キャベツの左右を中心に折り、手前からしっかり巻く。残りも同様にする。 a b
3. 鍋に巻き終わりを下にして2を並べ、Aを加えて**中火**で煮る。ひと煮立ちしたら**中弱火**にし、中心に火が通り、キャベツがやわらかくなるまで20〜30分煮る。塩、こしょうで味をととのえる。
4. 器に盛り、ローズマリーをのせる。

stock!
煮汁や煮込むときに使用したローリエもいっしょに保存。

point

a ハーブソルトはしっかりめにふる。

b 下準備はキャベツで薄切り肉を巻くだけ！

キャベツのおかず

キャベツはビタミン類や食物繊維が豊富。なかでもキャベジンという成分は胃の粘膜を修復する効果も。メインからサブおかずまで役立つから余らせることなく使い切りましょう！

40分
51 kcal
*1個あたり

冷蔵 3日間
冷凍 1週間

作りおき&使い切りおかず

15分
514 kcal
*全量

冷蔵
3日間

10分
343 kcal
*全量
漬ける時間は除く

冷蔵
1週間

コールスロー

キャベツ½個使い切り

キャベツのサブおかずの定番といえばコレ。
セロリの香りとコーンの甘さが絶妙にマッチ。

::材料(作りやすい分量)

キャベツ(せん切り)
　…½個分
にんじん(せん切り)
　…½本分
セロリ(せん切り)…1本分
ホールコーン(缶詰)…60g
A ┌ フレンチドレッシング
　│　…大さじ3
　└ マヨネーズ…大さじ1
塩・こしょう…各適量

::作り方

1 ボウルにキャベツ、にんじん、セロリ、汁けをきったコーンを入れ、Aを加えてよく混ぜる。
2 塩、こしょうで味をととのえる。

memo
フレンチドレッシングで味つけを簡単に。野菜のせん切りは大きさをそろえて。

stock! 
水っぽくなると味が薄くなるので、汁けをきって保存。冷凍は不可。

キャベツのピクルス

キャベツ¼個使い切り

さっぱりとおいしい万能ピクルス液を使用。
しんなりしているから生よりも多く食べられます。

::材料(作りやすい分量)

キャベツ…¼個
にんにく…2片
ピクルス液…全量
(P.18参照)

::作り方

1 にんにくは皮をむき、まな板の上において包丁の腹をあて、押しながらつぶす。
2 耐熱の保存容器にピクルス液、1を入れ、電子レンジで沸騰するまで約1分加熱する。
3 キャベツを保存容器に入る大きさにざく切りする。2に入れ、半日おく。

stock!
あれば香りづけのローリエの葉をのせて。半日後から食べごろ。

memo
様子をみながら、沸騰するまで加熱して。飛び跳ねる危険があるのでやけどに注意。

49

白菜のおかず

⏱ 60分 / 486 kcal / 冷蔵2日間

白菜の簡単キッシュ

白菜¼株使い切り

ベーコンや白菜など手に入れやすい材料だけでできちゃうキッシュ。タルト生地を使わずに作るからお手軽です♪

:: 材料（4人分）

白菜…¼株
ベーコン（5mm幅）…60g
A ┌ 白ワイン…大さじ2
　├ コンソメスープの素（顆粒）
　└ …小さじ2

アパレイユ
┌ 卵…3個
├ 生クリーム…200mℓ
└ にんにく（すりおろし）…2片分
ピザ用チーズ…50g
オリーブオイル…大さじ2

:: 作り方

1. 白菜は繊維を断ち切るようにせん切りにする。
2. フライパンにオリーブオイルを**中火**で熱し、ベーコン、**1**を入れ、10〜15分、水分を飛ばすようにじっくり炒める。**A**を加え、さらに炒める。
3. ボウルにアパレイユの材料を入れて混ぜる。
4. オーブン対応の器に**2**を入れ、**3**を流し込み、ピザ用チーズを散らす。**180℃**のオーブンで20〜30分焼く。a

stock!
大きめのスプーンでひと山ごとにすくって、密閉容器に保存。

point
a　具を器にまんべんなくならしてから流し込む。

白菜にはビタミンC、食物繊維、カリウム、カルシウムなどさまざまな栄養が含まれています。煮込み料理によく使われますが、生で使うのもおいしいので試してみて。

■ 作りおき&使い切りおかず

⏱ 10分 486 kcal *全量 冷蔵2日間

⏱ 20分 308 kcal *全量 冷蔵3日間

白菜とツナのシャキシャキサラダ

白菜¼株使い切り

白菜を生で食べるサラダです。
レモンのさわやかな風味でさっぱりと。

:: 材料（作りやすい分量）

- 白菜…¼株
- セロリ…1本
- ツナ缶（かたまりタイプ）…130g
- A
  - レモン汁…大さじ3
  - 塩・こしょう…各適量

:: 作り方

1. 白菜は繊維に沿ってせん切りにする。セロリは筋を取って薄切りにする。ツナ缶は油をきる。
2. ボウルに1、Aを入れてサッと混ぜ合わせる。

stock!
汁けをきって、そのまま密閉容器で保存。冷凍は不可。

memo
白菜はキャベツのような感覚で生調理も可能。味が淡泊なのでツナと好相性。

白菜の中華風煮びたし

白菜¼株使い切り

干しえびのうまみを利用した煮びたし。
ごま油の香りに誘われてつい箸が伸びます。

:: 材料（作りやすい分量）

- 白菜（ざく切り）…¼株分
- 干しえび…8尾
- 長ねぎ（みじん切り）…1本分
- A
  - 酒…大さじ3
  - 鶏がらスープの素（顆粒）…小さじ1
- しょうゆ…大さじ2
- 塩…小さじ½弱
- ごま油…大さじ1

:: 作り方

1. 干しえびは水50mℓ（分量外）で戻す。戻し汁はとっておく。
2. 鍋にごま油を中火で熱し、長ねぎを入れて炒める。香りが出たら白菜、1の干しえびと干しえびの戻し汁全量、A、材料がかぶるぐらいの水を加え、白菜がやわらかくなるまで10〜15分煮る。
2. しょうゆを加え、塩で味をととのえ、火を止める。

stock!
うまみが溶け込んだ煮汁ごと密閉容器で保存。冷凍は不可。

memo
レシピ最後のしょうゆを加えたあとに、水溶き片栗粉でとろみをつけてもおいしい。

ごぼうと鶏の和風ドライカレー

ごぼう1本使い切り

stock! 水分をしっかり飛ばした状態にして密閉容器で保存。

ごぼう、大豆、鶏肉とローカロリー食材のヘルシーカレー。コロッケやオムレツの具にアレンジしても。

材料（4人分）

- ご飯…茶碗4杯分
- 鶏ひき肉…300g
- ごぼう（太め）…1本
- しょうが（みじん切り）…2片分
- にんにく（みじん切り）…2片分
- 長ねぎ（粗みじん切り）…1本分
- A
  - 大豆（水煮またはドライパック）…100g
  - カレー粉…大さじ1
  - だし汁…400ml
- カレールウ…2片（2人前）
- 万能ねぎ（小口切り）・白いりごま…各適量

作り方

1. ごぼうは粗みじん切りにし、水に5分ほどつけてアク抜きをする。
2. フッ素樹脂加工の鍋を**中火**で熱し、ひき肉を入れて炒める。肉の脂が出てきたらしょうが、にんにくを加えて炒める。香りが出たら、1、長ねぎを加え、5分ほど炒める。[a]
3. Aを加えてひと煮立ちしたら、細かく刻んだカレールウを加え、水分を飛ばすように炒める。[b]
4. 器にご飯を盛り、3をかけ、万能ねぎと白いりごまを散らす。

point

a 火の通りが違うので、具は段階的に入れる。

b カレー粉とカレールウを使うのがポイント。

ごぼうのおかず

食物繊維が豊富なごぼうは、便秘をしがちな女性や子どもはまめにとりたい食材です。独特の香りもごちそうを彩るアクセントのひとつですね。

20分 518 kcal　冷蔵5日間　冷凍2週間

作りおき&使い切りおかず

15分
531 kcal
*全量
冷蔵3日間

15分
345 kcal
*全量
冷蔵3日間

ごぼうと糸こんにゃくとじゃこのきんぴら

ごぼう1本使い切り

上品な小鉢としても素敵ですが、卵でとじてご飯といっしょに丼にしても。

材料（作りやすい分量）

ごぼう…1本
ちりめんじゃこ…50g
糸こんにゃく…1袋
赤唐辛子（輪切り）…1本分
A ［ しょうゆ・みりん…各大さじ2 ］
すりごま…大さじ2
ごま油…大さじ1

作り方

1 ごぼうは細いささがきにして、水に10分ほどつけてアク抜きをし、水けをきる。
2 フライパンにごま油を弱火で熱し、赤唐辛子を炒める。香りが出たら中火にし、1、ちりめんじゃこ、糸こんにゃくを入れて炒める。
3 Aを加え、照りが出るまで煮からめ、すりごまをまぶす。

stock!
水分をしっかり飛ばすまで炒め、密閉容器に入れて保存。

memo
ごぼうはささがきにしているはしから黒くなっていくので水につけてアク抜きを。

ごぼうとししとうの揚げびたし

ごぼう1本使い切り

お酒もご飯もどんどん進むようなピリリと辛みがきいた大人味。

材料（作りやすい分量）

ごぼう…1本
ししとう…10本
A ［ だし汁…100ml
しょうゆ…大さじ2
みりん…大さじ1
赤唐辛子（輪切り）…1本分 ］
揚げ油（ごま油）…適量

作り方

1 ごぼうは麺棒で軽くたたき、5cm幅に切る。ししとうは爪ようじで2か所穴をあける。
2 小さめの鍋にごま油を170℃に熱し、1を3〜4分素揚げする。
3 ボウルにAを入れて混ぜ、2を熱い状態で加えてからめる。

stock!
漬けダレといっしょに密閉容器に入れて保存。冷凍は不可。

memo
素揚げでコクをアップ！ごぼうをたたくことで味がしみやすい状態に。

じゃがいものおかず

じゃがいものビタミンCはでんぷんに守られているので熱しても壊れにくいのが特徴。いろいろ使える食材ですが、冷凍はマッシュした状態で。すが立つので

コロコロコロッケ

じゃがいも(大)3個使い切り

ひき肉を使わず、主な材料はじゃがいもと玉ねぎだけ。野菜の甘さとうまみが堪能できるコロッケです。

:: 材料(6個分)

- じゃがいも(大)…3個
- 玉ねぎ(薄切り)…½個分
- バター…大さじ1
- 塩…小さじ½
- こしょう…少々
- A ┌ 強力粉…80g
  └ 卵…1個
- パン粉(細かめ)…適量
- 揚げ油…適量
- ソース…適量

:: 作り方

1. 鍋に水1000㎖、塩10gの塩水(分量外)を作って中火にかけ、じゃがいもを皮ごと入れて15〜20分ゆでる。
2. ボウルに玉ねぎを入れてふんわりラップをし、電子レンジで1分加熱する。皮をむいてつぶした1とバターを加えてよく混ぜ、塩、こしょうで味をととのえる。
3. 2を直径2㎝ぐらいの大きさに丸め、強力粉(分量外)をまぶし、A、パン粉の順にくぐらせ、170℃の揚げ油で3〜4分揚げる。器に盛り、ソースを添える。 a

point a
パン粉は細かい方がじゃがいもに合う。

stock
油でべちゃっとならないよう、ペーパータオルを敷いて保存。

40分 240 kcal *1個あたり

冷蔵 2日間

冷凍 1週間

作りおき&使い切りおかず

35分 580 kcal *全量　冷蔵3日間

15分 514 kcal *全量　冷蔵3日間

じゃがいもとにんにくのオーブン焼き

じゃがいもによく合う塩バターで味つけ。
ゴロゴロ入ったにんにくが迫力！

じゃがいも（中）4個 使い切り

:: 材料（作りやすい分量）

じゃがいも（中）…4個
にんにく（ばらす）…1玉
バター…大さじ2
塩…小さじ2

:: 作り方

1 じゃがいもはよく洗って皮ごと4つ切りにする。
2 フライパンにバターを**中強火**で熱し、じゃがいも、皮つきのにんにくを入れて炒める。脂が全体にまわったら、塩を加え、さらに炒める。
3 天板に2を並べ、**180℃**に予熱したオーブンで30分焼く。

memo
風味づけと同時に、にんにく自体も食べられます。食べるときは皮をむいて。

stock!
皮つきのにんにくもいっしょに密閉容器に入れて保存。取っ手の取れるタイプのフライパンだと、そのままオーブンに入れられる。

じゃがいもとピーマンのさっぱりチンジャオロースー

牛肉ではなく豚肉を使ったあっさり味。
ご飯の上にのせて丼にしても。

じゃがいも（メークイーン）2個 使い切り

:: 材料（作りやすい分量）

じゃがいも
　（メークイーン／
　　せん切り）…2個分
豚ヒレ肉…150g
ピーマン（せん切り）
　…4個分
A ┬ 酒…大さじ1
　├ 片栗粉…小さじ1
　├ 塩・こしょう
　└ 　…各適量
B ┬ 酒…大さじ1
　├ 鶏がらスープの素
　│　（顆粒）…小さじ1
　├ 塩・こしょう
　└ 　…各適量
オイスターソース・
ごま油…各大さじ1

:: 作り方

1 豚肉は繊維に沿って5cm幅のせん切りにし、**A**をまぶす。
2 フライパンにごま油を**中火**で熱し、**1**を入れて炒める。色が変わったら、じゃがいも、ピーマンを加えてさらに炒める。
3 野菜がしんなりしたら、**B**を加えてさらに炒める。全体に混ざったら、オイスターソースを加えてざっと混ぜ、火を止める。

stock!
粗熱をとったらそのまま密閉容器に入れて保存。冷凍は不可。

50分
356 kcal
冷蔵3日間
冷凍1週間

にんじんのおかず

粘膜や皮膚を丈夫にしてくれ、アンチエイジング効果があるβカロテンが豊富。煮ても生でもどちらもおいしくいただけます。

にんじんとスペアリブのオレンジ煮

にんじん2本使い切り

stock!
スペアリブとにんじんをいっしょに密閉容器に入れて保存。

スペアリブのガツンとしたボリューム感を味わえる一品。
オレンジジュースが肉とにんじんのくさみを取り、さわやかに。

∷材料（4人分）

にんじん…2本
スペアリブ…500g
にんにく…2片
塩・こしょう…各大さじ½
ドライハーブ…少々
A ┌ オレンジジュース…200mℓ
　│ 白ワイン…100mℓ
　└ しょうゆ…大さじ1
オリーブオイル…大さじ1

∷作り方

1 スペアリブに塩、こしょうをしっかりすり込み、ドライハーブをふり、軽くたたきながらなじませる。a

2 にんじんは2cm幅の輪切りにし、面取りをする。にんにくは皮をむき、半分に切って芽を取る。

3 鍋にオリーブオイルを中強火で熱し、1を入れて焼く。全面に焼き色がついたら、一度ペーパータオルの上に取り出して油を取る。鍋の油もペーパータオルでしっかり取り除く。

4 鍋に2、3、Aを入れて落としぶたをし、さらに鍋のふたをして弱中火で30分ほど煮る。b

5 塩、こしょう各少々（分量外）で味をととのえ、オリーブオイル適量（分量外）をふる。

point

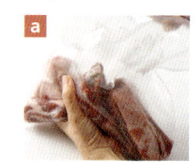

a 肉のくさみを取るためハーブはしっかり。

b オレンジジュースで香りづけとコクを。

作りおき＆使い切りおかず

⏱ 30分 355 kcal *全量　冷蔵 5日間　冷凍 2週間

⏱ 15分 324 kcal *全量　冷蔵 2日間

にんじんのグラッセ（オレンジ風味）

にんじん2本使い切り

オレンジジュースにはにんじんの青くささを取る効果が。甘みとコクもアップしてくれます。

:: 材料（作りやすい分量）

- 新にんじん…2本
- A
  - オレンジジュース…100mℓ
  - にんにく（すりおろし）…1片分
  - ローリエ…1枚
  - オリーブオイル・はちみつ…各大さじ½
  - 塩…ひとつまみ
- B
  - オリーブオイル…大さじ½強
  - シナモンパウダー…小さじ½

:: 作り方

1 にんじんは5mm幅の輪切りにし、面取りする。
2 鍋に1を入れ、塩水（水1000mℓに対して塩大さじ2）をひたひたに注ぎ、やわらかくなるまで10〜12分ゆでる。ザルにあげて水けをきる。
3 鍋に2、Aを入れ、落としぶたをし、弱中火で水分がなくなるまで10〜15分煮る。
4 粗熱がとれたらBを加え、にんじんが崩れない程度によく混ぜる。

stock!
香りづけに使ったローリエを上にのせて密閉容器で保存。

にんじんのエスニックサラダ

にんじん2本使い切り

カレーにも使われるクミンシードがアクセントに。思わず手が出るような、クセになる味のサラダです。

:: 材料（作りやすい分量）

- にんじん…2本
- レーズン…大さじ2
- クミンシード…小さじ2
- カレー粉…大さじ½
- A
  - 塩…小さじ1
  - こしょう…適量
- オリーブオイル…大さじ1

:: 作り方

1 にんじんはスライサーでせん切りにする。
2 鍋にオリーブオイルとクミンシードを入れ、弱火でじっくり加熱する。香りが出たらカレー粉を加え、火を止める。
3 2に1とレーズンを加えて混ぜ合わせ、Aで味をととのえる。

stock!
そのまま密閉容器に入れて保存。冷凍保存は不可。

玉ねぎのおかず

血液サラサラ効果のある玉ねぎはどんな料理にも合う縁の下の力持ち的存在。煮込むと甘くなりますが生の辛みもおいしいごちそうです。

40分
139 kcal
*1個あたり

冷蔵 3日間
冷凍 1週間

玉ねぎの肉団子づめ

玉ねぎ(小)3個 使い切り

玉ねぎを肉団子の器がわりに使って煮込みます。
肉と玉ねぎのうまみがしみこんだスープごとめしあがれ！

:: 材料（3個分）

玉ねぎ(小)…3個
豚ひき肉…70g
A ┌ 片栗粉・コンソメスープの素
　 │　（顆粒）…各小さじ1
B ┌ 水…500ml
　 │ ローリエ…1枚
　 │ コンソメスープの素（顆粒）
　 │　…小さじ1
　 │ 塩…小さじ1/2
　 └ こしょう…適量
タイム…適量

:: 作り方

1 玉ねぎは皮をむいて中をくりぬき、くりぬいた部分をみじん切りにする。a
2 ボウルにひき肉、1のみじん切り、Aを加えよく混ぜ、1のくりぬいたところに詰める。b
3 鍋に2を並べ、Bを加え、落としぶたをし、中弱火で玉ねぎがやわらかくなるまで20～30分煮る。タイムを飾る。

stock!
煮汁と一緒に密閉容器に入れて保存。崩れるので重ねない。

point

a 玉ねぎはスプーンで簡単にくりぬける。

b スプーンを使って詰めるとやりやすい。

作りおき&使い切りおかず

⏰ 20分 / 125 kcal　冷蔵2日間　玉ねぎのみ

⏰ 40分 / 635 kcal　冷蔵4日間　冷凍2週間

新玉ねぎと鯛のカルパッチョ

新玉ねぎ1個使い切り

たっぷりの玉ねぎをメインに使用。
新玉ねぎならではのマイルドな味を楽しんで。

:: 材料（2人分）

新玉ねぎ…1個
鯛（刺身用・身の厚いもの）…½さく
ミニトマト…10個
ハーブソルト…適量
A ┌ レモン汁…½個分
　 └ 塩…小さじ½
ピンクペッパー…少々
チャービル…適量

:: 作り方

1 鯛はハーブソルトをふり、5分ほどおく。ペーパータオルなどで水けを軽くふき取り、薄くそぎ切りにする。
2 新玉ねぎはスライサーで極薄に切り、2回ほど水を取り替えながら水にさらす。しっかり水けをきる。ミニトマトは4等分に切っておく。
3 ボウルに2のミニトマト、Aを入れ、あえる。
4 器に2の新玉ねぎの⅓量を敷き、1を並べ、ハーブソルトをふる。3の½量を散らしてから、新玉ねぎの⅓量を散らし、ハーブソルトをふり、残りの新玉ねぎとミニトマトをドレッシングごとかける。
5 上からピンクペッパー、チャービルを散らす。

stock! 生魚は保存不可。未使用の玉ねぎだけを密閉容器で保存。

ハヤシライス

玉ねぎ3個使い切り

炒めることで玉ねぎの甘みが引き出されます。
市販のルウを使わなくても家にある材料で完成！

:: 材料（4人分）

玉ねぎ（くし形切り）…3個分
牛もも薄切り肉…300g
ご飯…茶碗4杯分
A ┌ 強力粉…大さじ1
　 └ 塩・こしょう…各少々
バター…大さじ3
赤ワイン…100mℓ
B ┌ 水…400mℓ
　│ トマト缶（ホール）…1缶（400g）
　│ コンソメスープの素（顆粒）…大さじ1
　└ ローリエ…1枚
ウスターソース…50mℓ
塩…小さじ1
こしょう…適量
パセリ（みじん切り）…適量

:: 作り方

1 牛肉はAをまぶす。
2 フライパンにバターを中火で熱し、1を入れて炒める。肉に焼き色がついたら玉ねぎを加え、さらに炒める。玉ねぎがしんなりしたら赤ワインを加え、10～15分煮詰める。
3 Bを加え、さらに15～20分煮詰める。ウスターソースを加え、塩、こしょうで味をととのえる。
4 器にご飯を盛り、3をかけ、パセリを散らす。

stock! 香りづけに使ったローリエを上にのせて密閉容器で保存。

里いも・山いものおかず

昔から滋養強壮に使われてきた山いもや里いも。
ねっとりとした食感が魅力です。
煮たり揚げたりすれば冷凍保存も可能に。

20分
464 kcal
*全量

冷蔵 3日間
冷凍 1週間

里いもの含め煮

里いも(中)10個 使い切り

ほっこりするお味の基本の煮物です。
シンプルでアレンジしやすいのでいろいろ試してみて！

:: 材料（作りやすい分量）

里いも(中)…10個
塩…適量
A ┌ だし汁…800ml
  │ しょうゆ・みりん
  │ …各大さじ3
  └ 塩…小さじ½

:: 作り方

1 里いもは皮をむき、塩をすり込み、水でよく洗い、ぬめりを取る。a

2 鍋に1、Aを入れ、落としぶたをして、さらに鍋のふたをし、**中火**で10〜15分煮る。そのまま冷めるまでしばらくおく。

stock!
煮汁ごと密閉容器に入れて保存。味がしみ込んでさらに美味に。

point
塩をよくすり込み、ぬめりを取る。汁のにごり防止にも。

memo
* 煮汁の中で冷ますことによって味がしみ込みます。冷ましている途中、いもをひっくり返して。
* ゆずこしょうやゆずの皮を添えても。
* 味がシンプルなのでしょうゆやはちみつといっしょに煮からめたり、つぶしてすりごまといっしょに丸め直し、片栗粉をまぶして揚げても。

作りおき&使い切りおかず

10分 416 kcal *全量 冷蔵2日間

30分 340 kcal 冷蔵3日間

山いもの素揚げ
山いも300g 使い切り

シャキシャキの食感がやみつきに。
黒七味の上品な香りがよく合います。

:: 材料（作りやすい分量）

山いも…300g
片栗粉…大さじ1
A ┌ 黒七味…小さじ1/4
　└ 塩…小さじ1/2
揚げ油…適量

:: 作り方

1 山いもは皮をむいて10cm幅に切り、さらに縦に4つ切りにし、片栗粉をはたく。
2 1を180℃の揚げ油で2〜3分揚げる。
3 器に盛り、Aを混ぜたものをふる。

stock!
油でべとつかないようキッチンペーパーを敷いて保存。

山いもときのこの豆乳グラタン
山いも200g 使い切り

フードプロセッサーでおろしもカンタンに。
山いものもっちりとしたクリーミーな食感がたまりません。

:: 材料（4人分）

山いも（皮をむく）…200g
ベーコン（食べやすい大きさに切る）…80g
きのこ（しめじ、エリンギ、まいたけなど/ほぐす）…3パック分
マカロニ（ゆでる）…150g
A ┌ 豆乳…200ml
　│ コンソメスープの素（顆粒）…小さじ2
　│ 塩…小さじ1/2
　└ こしょう…適量
B ┌ ピザ用チーズ…80g
　└ パン粉…大さじ2
オリーブオイル…小さじ1

:: 作り方

1 フライパンにオリーブオイルを中火で熱し、ベーコンときのこを入れて炒める。
2 フードプロセッサーに山いもを入れ、なめらかになるまで撹拌する。Aを加え、さらに全体が混ざるまで撹拌する。
3 オーブン対応の器に1、マカロニを入れ、2を流し込み、Bをかけ、180℃のオーブンで18〜20分焼く。

stock!
スプーンで使いやすい分量をすくい、密閉容器に入れて保存。

なすとパプリカの揚げびたし

なす3本使い切り

夏野菜のなすとパプリカを甘辛いタレに漬け込みます。
そうめんのおともにもぴったり！

:: 材料（作りやすい分量）

なす…3本
パプリカ（赤・黄）…各½個
A ┌ だし汁…100ml
　│ しょうゆ…大さじ3
　└ みりん…大さじ2
揚げ油…適量
しょうが（針しょうがにする）…適量

:: 作り方

1 なすは半分に切り、皮面に格子の切り込みを入れる。パプリカは種を取り除いて3等分にする。 a
2 耐熱ボウルにAを入れ、電子レンジで1分〜1分30秒加熱する。
3 1を180℃の揚げ油で2〜3分素揚げし、2に漬け込む。 b
4 器に盛り、しょうがをのせる。

point

a 切り込みは火の通りと見ばえをよくする。

b 熱いうちにタレに漬け込むのがポイント。

stock!
乾燥しないよう表面にピタッと落としぶたラップをかけて保存。 

memo
七味唐辛子や白いりごまをふっても。そうめんやうどんの上にのせてもおいしい。

なすのおかず

夏から秋にかけて旬を迎えるなす。体を冷やす効果があるのでぜひ旬にたくさんとりたいですね。油で炒めたり揚げたりがすると美味ですが、じつは生のピクルスもおすすめです。

20分
533 kcal ＊全量
冷蔵5日間

作りおき&使い切りおかず

⏱ 20分 / 1227 kcal *全量 / 冷蔵 3日間 / 冷凍 1週間

⏱ 15分 / 81 kcal *全量 / 冷蔵 2日間

麻婆なす（マーボーなす）
なす5本使い切り

油がしみたなすのおいしさは格別。
辛みを抑えた食べやすい麻婆なすです。

材料（作りやすい分量）
- なす…5本
- 豚ひき肉…100g
- 長ねぎ（みじん切り）…1本分
- 片栗粉…大さじ1
- A
  - にんにく（みじん切り）…2片分
  - 甜麺醤（テンメンジャン）…大さじ1½
  - 豆板醤（トウバンジャン）…大さじ½
- B
  - 湯…100ml
  - 鶏がらスープの素…小さじ1
  - しょうゆ・酒…各大さじ1
  - こしょう…少々
- ごま油…大さじ2
- 揚げ油…適量

作り方
1. なすは縦に縞になるように皮をむき、ひと口大の乱切りにする。片栗粉をはたき、180℃の揚げ油で1〜2分揚げる。
2. フライパンにごま油を中火で熱し、ひき肉を入れ、ほぐしながら炒める。いったん火を止めてAを加え、香りが出るまで3〜4分じっくり炒める。
3. Bを加え、ひと煮立ちしたら1、長ねぎを加えて軽く混ぜる。

stock! 肉あんもいっしょに密閉容器に入れて保存。冷凍も可能。

なすのエスニック風即席ピクルス
なす1本使い切り

ほんのり柔らかい食感が魅力。
ナンプラーの香りが食欲を誘います。

材料（作りやすい分量）
- なす…1本
- A
  - レモン汁…大さじ1
  - スイートチリソース…小さじ2
  - ナンプラー…小さじ1
- イタリアンパセリ…適量

作り方
1. なすは皮をむき、1cm角に切る。
2. ボウルにAをよく混ぜ合わせ、1を加えてあえ、10分ほどおく。
3. 器に盛り、イタリアンパセリをのせる。

memo シャキシャキ感を味わうためには早めに食べるのがおすすめ。

stock! ピクルス液ごと密閉容器に入れて保存。冷凍は不可。

トマトのおかず

甘みとうまみが多い野菜の代表。大好きな人も多いのでは。赤い色のもととなるリコピンには抗酸化作用とともに美白効果もあるといわれています。

トマトのピリ辛炒め

トマト(小)5〜6個 使い切り

トマトは火を入れると酸味がやわらぎ、甘みがアップ！ひき肉と合わせて、豪華なメニューに仕上げました。

:: 材料(作りやすい分量)

- トマト(小さめのかたいもの)…5〜6個
- 豚ひき肉…100g
- 長ねぎ(みじん切り)…½本分
- A
  - ラー油…大さじ1〜3
  - 赤みそ・酒・しょうゆ…各大さじ1
- B
  - 水…50ml
  - 鶏がらスープの素…小さじ1
- 水溶き片栗粉(片栗粉小さじ1を水大さじ1で溶く)
- 白いりごま…少々
- パクチー…適量
- サラダ油…大さじ1

:: 作り方

1 トマトは大きめの乱切りにする。

2 フライパンにサラダ油を**中火**で熱し、ひき肉を入れて炒める。色が変わったら、**A**を加え、ひき肉に味と色をしっかり移すように炒める。

3 2に1を加え、**強火**でざっくり炒めたら、**B**を入れて煮る。ひと煮立ちしたら、水溶き片栗粉を加え、とろみがつくまでさらに煮る。長ねぎを加え、よく混ぜる。 a

4 器に盛り、白いりごまをふり、パクチーをのせる。

point a
水溶き片栗粉にはうまみを閉じ込める効果も。

stock! 
肉あんもいっしょに密閉容器に入れて保存。冷凍は不可。

15分
879 kcal
*全量

冷蔵2日間

作りおき&使い切りおかず

⏱15分　611 kcal *全量　冷蔵2日間

⏱15分　24 kcal *1個あたり　冷蔵3日間

トマトとじゃこのサラダ

トマト3個使い切り

じゃこだけでなく、ザーサイやセロリ、長ねぎとボリュームたっぷり！

:: 材料（作りやすい分量）

- トマト（乱切り）…3個分
- ちりめんじゃこ…50g
- *ドレッシング*
  - 長ねぎ・セロリ（みじん切り）…各1/3本分
  - ザーサイ（みじん切り）…30g
  - しょうが（みじん切り）…1片分
  - ごま油・しょうゆ・黒酢…各大さじ2
  - はちみつ…大さじ1
  - ラー油…小さじ1/2〜2
- ごま油…大さじ1

:: 作り方

1. ボウルにドレッシングの材料を入れ、混ぜ合わせる。
2. フライパンにごま油を弱中火で熱し、ちりめんじゃこを入れ、カリカリになるまで炒め揚げる。
3. トマトを器に盛り、1、2をかける。

stock!
ドレッシング、トマト、じゃこ炒めの順にのせて保存。

memo
ドレッシングに入れる野菜はなるべく細かくみじん切りに。フードプロセッサーを使うと楽！

トマトのさっぱり煮びたし

トマト（小）4個使い切り

だしで煮たトマトはクセになるおいしさ。上品な前菜としてもおすすめ。

:: 材料（4個分）

- トマト（小さめのかたいもの）…4個
- A
  - 水…400ml
  - 酒…大さじ2
  - 鶏がらスープの素・塩…各小さじ2
  - ローリエ…1枚
- レモン汁…大さじ2

:: 作り方

1. トマトは皮に十字の切り目を入れ、熱湯につける。皮がはじけたら冷水にとって皮をむく（湯むき）。
2. 小さめの鍋にAを入れて中火にかけ、ひと煮立ちしたら1を入れて弱火にし、落としぶたをして10分ほど煮る。
3. 火を止め、レモン汁を加え、冷めるまでおく。

stock!
煮汁といっしょに密閉容器に入れて保存。冷凍は不可。

memo
トマトの皮に切り目を入れ、熱湯につけると、皮がつるんとむけます。

無駄なし、カンタン！ フリージング術

料理で手間がかかるのが下ごしらえ。時間があるときにすませて、フリージングしておけば毎日のごはん作りの時間が驚くほど短縮できます！

素材フリージング編

野菜やきのこなどをたくさん買ってきたときは、刻んでまとめてフリージングが便利！ 炒め物やスープに大活躍してくれます。

冷凍ごまねぎ

ねぎにごま油の風味をつけて冷凍。中華風や和風に仕上げたいときに重宝するフリージング素材です。

:: HOW TO フリージング（作りやすい分量）

長ねぎ2本は粗みじん切りにし、ファスナーつきポリ袋に入れる。ごま油大さじ3を加えてよくなじませ、平らにして冷凍する。

冷凍小松菜&冷凍ねぎ

アク抜きせずに使える小松菜とねぎは切っただけの状態で冷凍。そのままスープなどに入れて。

:: HOW TO フリージング（作りやすい分量）

小松菜1束はよく洗って水けをきり、1cm幅に切る。長ねぎ2本は粗みじん切りにする。それぞれファスナーつきポリ袋に入れて冷凍する。凍ったら、手でバラバラにしてさらに凍らせる。

---

arrange
じゃことねぎの和風パスタ

ごま油のいい香りが立って食欲をそそります。

:: 材料（2人分）
- 冷凍ごまねぎ…大さじ4
- ちりめんじゃこ…大さじ4
- パスタ…200g
- バター…大さじ2
- A [酒…大さじ1 / しょうゆ…大さじ1]
- 塩・こしょう…各少々

:: 作り方
1. パスタを袋の表示通りゆでる。
2. フライパンにバターを中火で熱し、ちりめんじゃこ、冷凍ごまねぎ、Aを加える。ひと煮立ちしたら、1を加えて混ぜ、塩、こしょうで味をととのえる。

⏱ 15分　581 kcal

シンプルだけどおいしい！

---

arrange
小松菜のとろとろスープ

包丁を使わずに野菜たっぷりスープが作れます♪

:: 材料（2人分）
- 冷凍小松菜…1カップ
- 冷凍ねぎ…大さじ3
- A [水…600ml / 酒…大さじ1 / 鶏がらスープの素…小さじ2]
- 塩・こしょう…各適量
- 水溶き片栗粉（片栗粉小さじ2を水大さじ2で溶く）
- 白いりごま…適量

:: 作り方
1. 鍋にAと冷凍小松菜と冷凍ねぎを入れて中火にかける。
2. 水溶き片栗粉を加え、とろみがついたら、塩、こしょうで味をととのえる。白いりごまをふる。

⏱ 10分　36 kcal

やさしいお味にホッ♪

冷凍トマト

案外知られていないのがトマトも冷凍できること。スープや炒め物などに活用できます。

:: HOW TO フリージング（作りやすい分量）

トマト1パック（3〜4個）は4つ切りにし、バットに広げて冷凍する。凍ったらファスナーつきポリ袋に入れ、ふたたび冷凍する。

arrange
トマトと卵の中華スープ

フリージング素材2種類を使って本格中華スープを完成。

:: 材料（2人分）

- 冷凍トマト…2個分
- 溶き卵…1個分
- 冷凍ごまねぎ…大さじ3
- A
  - 水…500mℓ
  - 酒…大さじ2
  - 鶏がらスープの素…小さじ2
- 水溶き片栗粉（片栗粉大さじ1を水大さじ2で溶く）
- 塩…小さじ½弱
- こしょう…少々

:: 作り方

1. 鍋にAと冷凍トマトを入れて中火にかけ、ひと煮立ちしたら、冷凍ごまねぎを入れる。ふたたび煮立ったら、水溶き片栗粉を加えてとろみをつける。
2. 溶き卵をまわし入れ、火を止める。塩、こしょうで味をととのえる。

ふわとろの食感がたまらない！

10分
167 kcal

冷凍きのこ

きのこは冷凍すると風味がよくなる特長が。きのこの種類はお好みで、そのときにあるものでOK！

:: HOW TO フリージング（作りやすい分量）

しめじ1パックは石づきを切り落としてほぐす。まいたけ1パックは細かくさく。エリンギ1パックは食べやすい大きさに切る。バットに広げて冷凍し、凍ったらファスナーつきポリ袋に入れ、ふたたび冷凍する。

arrange
厚揚げのきのこあんかけ

きのこのボリュームで厚揚げをメインおかずに。

:: 材料（2人分）

- 冷凍きのこ…1カップ
- 厚揚げ…1枚
- A
  - だし汁…50mℓ
  - しょうゆ…大さじ2
  - みりん…大さじ1
  - 砂糖…小さじ1
- 塩…少々
- 水溶き片栗粉（片栗粉小さじ1に水大さじ1を加える）
- ごま油…大さじ1
- 七味唐辛子…少々

:: 作り方

1. フライパンを中火で熱し、厚揚げを入れ、焦げ目がつくくらいまで焼く。
2. 厚揚げを取り出したフライパンにごま油を中火で熱し、冷凍きのこを入れて炒める。油がまわったら、Aを加える。
3. きのこに火が通ったら塩で味をととのえ、水溶き片栗粉を加えてとろみがつくまで加熱する。
4. 器に切った厚揚げを盛り、3をかけ、七味唐辛子をふる。

うまみたっぷりのあんが魅力

15分
277 kcal

67

下味フリージング編

肉料理や魚料理も一から始めるのではなく、下ごしらえをすませてフリージング。味がよくしみるので、時短だけでなくおいしさもUP

チキンの ハーブソテー

オーブンなら冷凍のままで焼けるから調理が超ラクチン！

材料(4人分)▶鶏もも肉2枚／塩・こしょう各適量／フレッシュハーブ（または乾燥・好みのもの）・オリーブオイル…各適量

下ごしらえ▶鶏肉は肉厚のところに隠し包丁を入れ、半分に切る。塩、こしょうをすり込み、15分ほどおく。

HOW TO フリージング▶ファスナーつきポリ袋に入れ、オリーブオイルとフレッシュハーブを加えてなじませ、冷凍する。

調理する▶袋ごと流水解凍し、180℃のオーブンで10～15分、またはフライパンで完全に火が通るまで焼く。

15分
158 kcal
解凍する時間は除く

焼くだけで
ごちそうに！

お弁当の
おかずにも♪

えのきの 肉ロール

えのきを肉で巻いて、あとは焼くだけの状態で冷凍。

材料(10本分)▶豚肩ロース肉（しゃぶしゃぶ用）10枚／えのきだけ（ばらす）1袋／塩・こしょう各適量

下ごしらえ▶豚肉は塩、こしょうをふる。肉を1枚広げ、えのきだけ1/10量を置いて巻く。同様に9個作る。

HOW TO フリージング▶バットに並べて冷凍する。凍ったらファスナーつきポリ袋に入れ、ふたたび冷凍する。

調理する▶フライパンにごま油大さじ1/2を**中火**で熱し、凍ったままのえのきの肉ロールを入れて焼く。全面焼き色がついたら酒大さじ1 1/2を加え、ふたをして3分ほど焼く。

10分
69 kcal
＊1本あたり

68

いわしのつくね

健康のためになるべくとりたい魚も調理済み状態にすれば手軽。

材料(作りやすい分量)▶いわし(三枚におろす)5尾分／卵白1個分／長ねぎ1本／しょうが2片／片栗粉大さじ3／みそ大さじ2／塩小さじ½／酒大さじ1

下ごしらえ▶フードプロセッサーにすべての材料を入れ、なめらかになるまで攪拌(かくはん)する。

HOW TO フリージング▶鍋に水8分目を入れ、酒を加えて**中火**にかけ、ひと煮立ちしたら下ごしらえしたものをスプーンで丸めながら落とし、ゆでる。水けをきり、粗熱がとれたらバットに並べて冷凍する。凍ったらファスナーつきポリ袋に入れ、ふたたび冷凍する。

調理する▶鍋にだし汁を沸かして、塩、しょうゆで調味し、いわしのつみれを入れて5分ほど加熱し、万能ねぎの小口切りを散らす。

いわしのうまみがじわ～

15分
651 kcal
*全量

具沢山ご飯もカンタン

五目炊き込みご飯の素

素を作っておけば、あとは炊飯器で炊くだけ！

材料(作りやすい分量)▶鶏もも肉(小さめに切る)1枚分／にんじん(小さめの短冊切り)1本分／ごぼう(ささがき)1本分／しめじ(ほぐす)1パック分／油揚げ(5mm幅の短冊切り)1枚分／だし汁400㎖／しょうゆ大さじ3／みりん大さじ2／塩大さじ½

下ごしらえ▶鍋にすべての材料を入れて**中火**にかける。ひと煮立ちして、具材に火が通ったら火を止める。

HOW TO フリージング▶粗熱がとれたら半量ずつファスナーつきポリ袋に入れ、バットにのせて平らにならし、冷凍する。

調理する▶米1½合ともち米½合をとぎ、水けをきる。五目炊き込みご飯の素は流水解凍する。炊飯器の内釜にといだ米と五目炊き込みご飯の素を入れ、2合の目盛りまで水を加えて30分おき、炊く。

60分
941 kcal
*全量
米の浸水時間は除く

column

本当に便利！

上島先生 おすすめ！

Foods & goods ❷

フッ素樹脂加工の
フライパン&
ル・クルーゼの鍋

鉄製のフライパンは中華料理などでは欠かせませんが、ふだん使いにはちょっとお手入れが大変。目を離したすきにあっという間に焦げつくことも。その点フッ素樹脂加工のものだったら、ガス台に張りついて火加減を微調整しなくても大丈夫。また、鶏もも肉やひき肉などなら油をひかなくてもOKだから、メタボが気になる旦那さんのためにもヘルシーでおすすめです。

そして、鍋で断然重宝するのがル・クルーゼ製品。特にオーブン調理にしてしまえば直火と違って、加熱する間にほかの家事をすることだってできます。これが忙しい主婦にはどんなにありがたいことか！ 焼き上がってもオーブンの中に放っておくだけで、余熱調理でじわじわとおいしさがしみ込みます。そのままテーブルに出して『見せ鍋』にできるのもうれしいですね。

直火からIH、オーブン調理まで幅広く使えるル・クルーゼのお鍋。

最近はチタンコーティングされた耐久性に優れているものもあります。

{ PART 2 }

フライパン＆
鍋ひとつでできる
ほったらかしレシピ

調理器具はなるべく少なくてすむレシピの方が
作業も後片づけもラクチン。
この章では、フライパンや鍋ひとつだけで
できる料理を集めました。

INDEX
・フライパンひとつで！…74
・鍋ひとつで！…82

フライパンや鍋ひとつで作る極ウマごはん。

フライパンと鍋、そのどちらかは毎日の料理でもかならずといっていいほど使う調理器具でしょう。フライパンを「焼く」「炒める」「煮る」だけに使っていませんか。たとえばフライパンで炒めた後、そのままだしを入れて煮込んだり、素材を炒めた後のフライパンでそのままソースを作ったりすると、調理時間が短くなり、洗い物も減って断然ラクになります。

調理器具をひとつにする利点は、ラクになるという理由だけではありません。炒めるときに出てきた素材のうまみを逃すことなく、ソースやスープにうつせるのもメリット。ボリューム満点のものが多いから、作りおきにも便利です。そんなフライパンや鍋ひとつでできるおかずを、次のページからご紹介しましょう。

～ Point of this chapter ～

火にかけている間にもう一品完成！

鍋料理のいい点は、あちこち気にせず、鍋を見ながら横で調理ができること。鍋で煮ている間に、もう1品完成させることができます。

「見せ鍋」を使ってそのままテーブルへ

ホーローの鍋など、見た目がかわいらしい鍋だったら、調理後そのままテーブルへ。皿に移す手間もなく、何より熱々でおいしい！

フライパンや鍋ひとつで洗いものが少なくてラク！

料理は楽しいけど、洗い物は苦痛……そう思っている人は多いのでは。特に洗うのが面倒な大物調理器具がひとつだからラクチン。

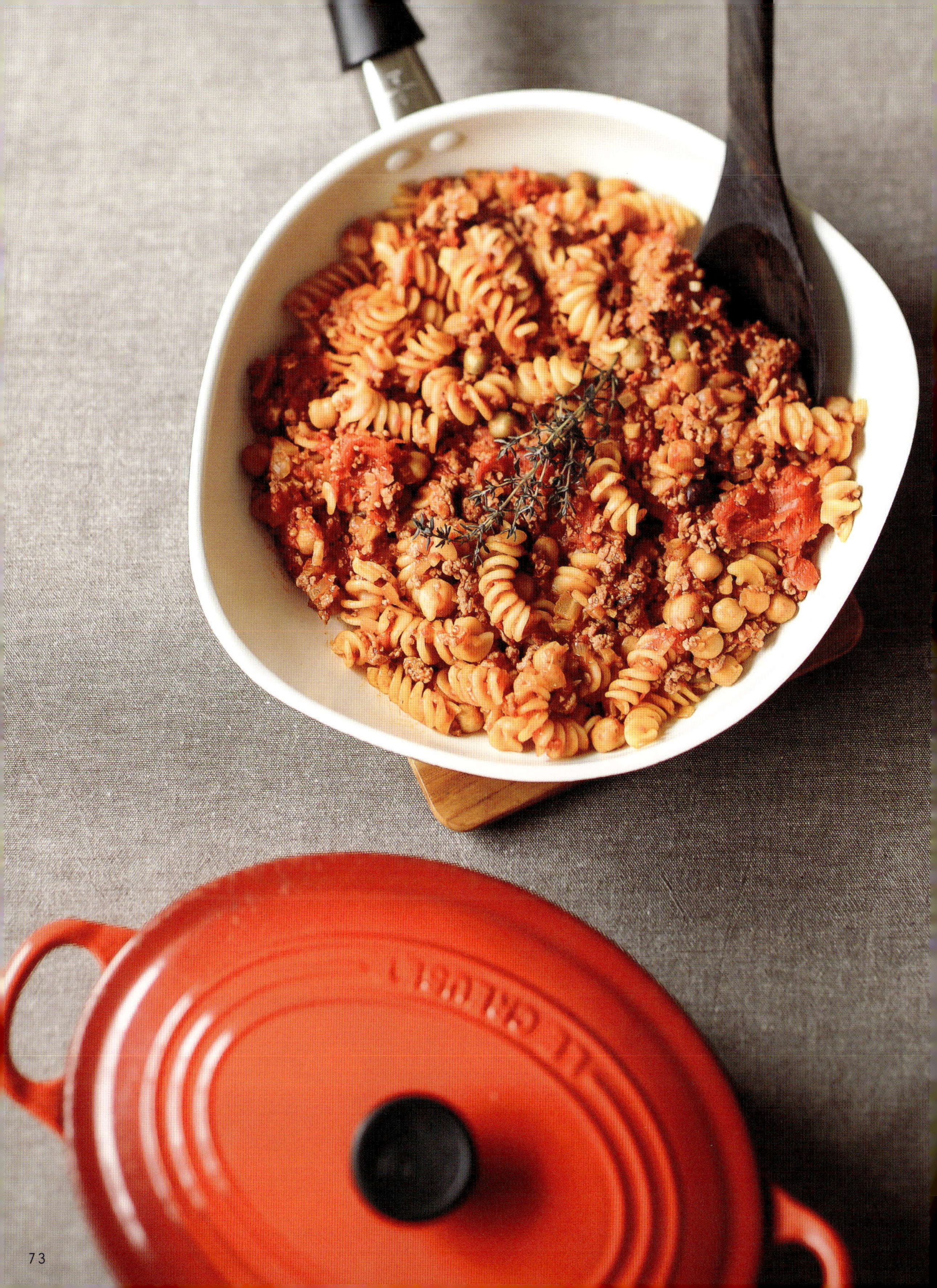

鶏むね肉の香草焼き

ハーブをきかせて、パリッと仕上げた一品。
鶏むね肉のあっさりした味を引き立てる濃厚なソースにも
同様にハーブが香り立ち、食欲をそそります。

35分
409 kcal

:: 材料（4人分）

鶏むね肉…2枚
パプリカ（赤・黄）…各½個
ズッキーニ…1本
塩…大さじ½
こしょう…小さじ1
タイム（乾燥）…小さじ½
強力粉…大さじ1
白ワイン…大さじ2
＊ソース＊
　卵黄…1個分
　にんにく（みじん切り）…1片分
　生クリーム…50ml
　マヨネーズ…大さじ2
　タイム（乾燥）…小さじ½
　塩・こしょう…各少々
オリーブオイル…大さじ2
チャービル…少々

:: 作り方

1. 鶏肉は斜めに2等分する。塩、こしょうをふり、15分ほどおき、余分な水けをペーパータオルでふき取る。タイムをふり、強力粉をふったあと、余分な粉をはたいて落とす。 a
2. パプリカはヘタと種を取り、縦4等分にする。ズッキーニは輪切りにする。
3. フライパンにオリーブオイルを**中火**で熱し、**1**を皮目から入れ、**2**のパプリカ、ズッキーニを加えて焼く。 b
4. 焼き色がついたらひっくり返し、火が通ったら野菜を取り出す。鶏肉のまわりから白ワインをまわしかけ、ふたをして3～5分焼く。水分がとんで香りが出たら火を止め、鶏肉を取り出す。器に鶏肉と野菜を盛る。 c
5. **4**のフライパンにそのままソースの材料を入れ、混ぜながら軽く火を通したら、**3**の鶏肉と野菜にかけ、チャービルを飾る。

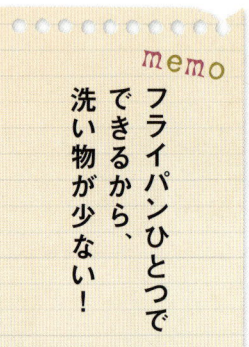

memo フライパンひとつでできるから、洗い物が少ない！

料理をするのはいいけど、あとに残った洗いものの山は憂鬱ですよね。この料理は、ソースの仕上げまでフライパンでするものばかり。つけ合わせもいっしょに調理するので洗いものが少なく手軽です。

point

a 下味の塩、こしょうで身がしまり、おいしさアップ。パリッと焼くために水けをよくふく。

b 身から焼くと火が通るまでに脂が落ちてパサパサに。皮目から焼くと、皮はパリッと、身はジューシーに。

c 仕上げにワインで肉のくさみを消し、風味をつける。鶏肉には白ワインがよく合う。

ほったらかしレシピ

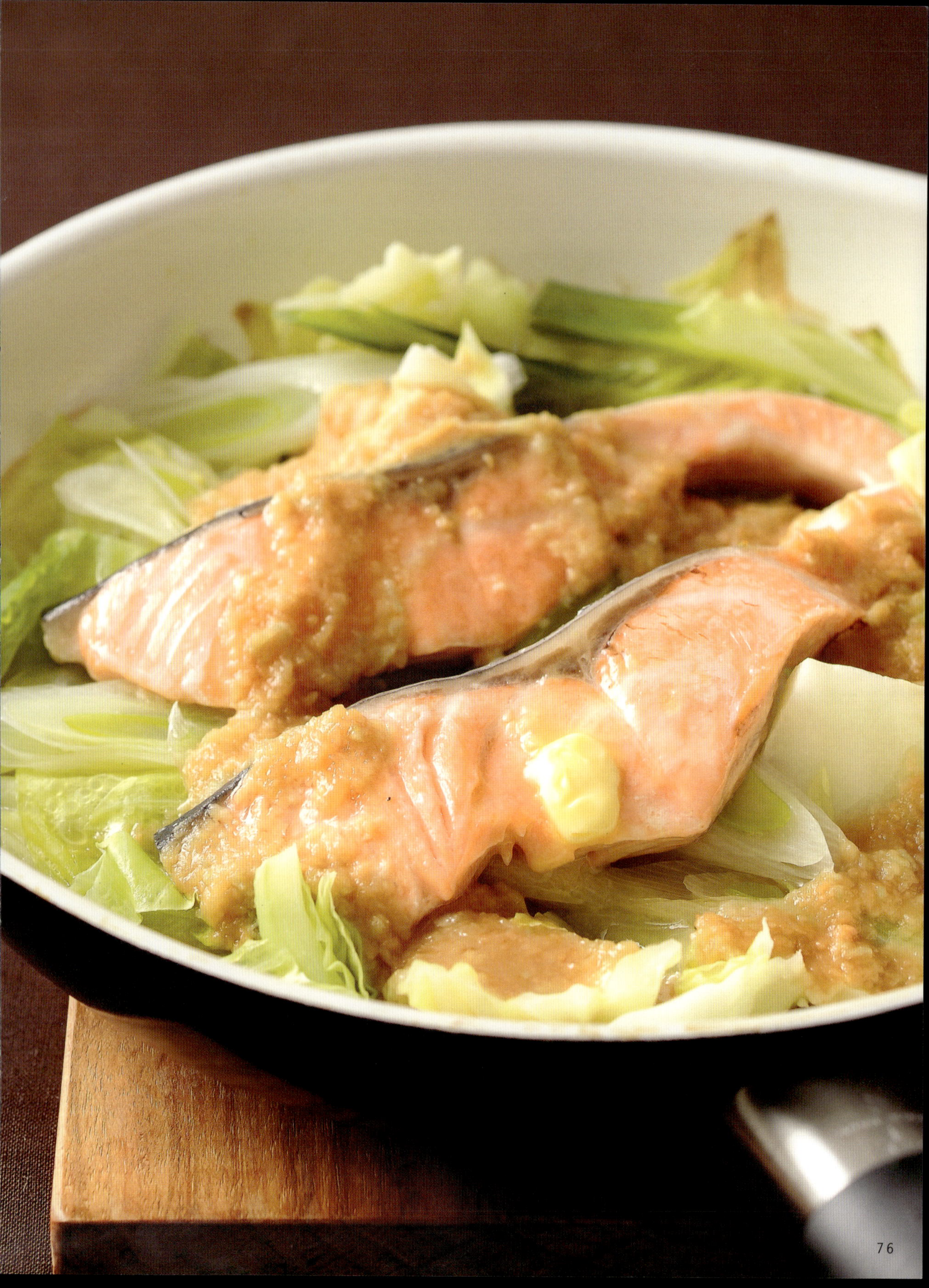

🔍 ほったらかしレシピ

鮭のちゃんちゃん焼き

熱々のフライパンのままでテーブルへ出してみて。
にんにくとバターの香りがふんわり漂って、
それもごちそうを彩るスパイスになりますよ。

フライパンひとつで！

⏱ 35分 / 400 kcal

∷ 材料（2人分）

- 生鮭（切り身）…2切れ
- キャベツ…½個
- もやし…1袋
- 長ねぎ…1本
- A
  - みそ…大さじ3
  - みりん…大さじ2
  - 酒・しょうゆ…各大さじ1
  - にんにく（すりおろし）…2片分
- バター…大さじ1

∷ 作り方

1. 鮭は軽く塩適量（分量外）をふって20分おき、ペーパータオルなどで水けをふき取る。[a]
2. キャベツはひと口大に切る。長ねぎは斜め切りにする。
3. フライパンにキャベツ、もやし、長ねぎ、鮭の順に重ね、全体にAをまわしかけ、ふたをして中火にし、7〜10分蒸し煮にする。[b]
4. 仕上げにバターをのせる。

point

[a] 塩をふることで出てきた水分はしっかりふいて。魚のくさみをとるとともに身をしめる効果が。

[b] 合わせ調味料と、野菜から出た水分で蒸し煮に。みそとにんにくがほどよくマッチしておいしさを引き出す。

memo

テーブルにそのままフライパンごと出せばさらに手間いらず！

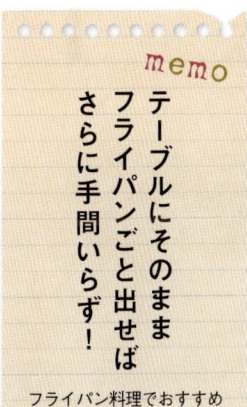

フライパン料理でおすすめなのが、フライパンごとテーブルにサーブすること。熱々のままで出せる、いつもと違ったにぎやかさが演出できる、もちろん洗いものも少なくなるなどいいこと尽くめですよ！

チキンと玉ねぎのクリームカレー煮

肉のうまみが溶け込む、肉汁を利用したソースが決め手。
あとから香るカレー風味がおいしさをアップします。

⏲ 30分
803 kcal

∷ 材料（4人分）

- 鶏もも肉…2枚
- 玉ねぎ…2個
- にんにく（みじん切り）…2片分
- ご飯…茶碗4杯分
- A ┌ カレー粉…大さじ2
　　└ 塩…小さじ1
- B ┌ 白ワイン・水…各200mℓ
　　├ コンソメスープの素（顆粒）…小さじ2
　　└ ローリエ…1枚
- 生クリーム…200mℓ
- 塩…小さじ½弱
- こしょう…適量
- クレソン…適量

∷ 作り方

1. 鶏肉は4等分に切り、**A**をまぶす。玉ねぎはくし形切りにする。
2. フッ素樹脂加工のフライパンを中火で熱し、**1**の鶏肉を皮目から入れて焼く。全面にこんがり焼き色がついたら、玉ねぎとにんにくを加え、さらに焼く。
3. 野菜がしんなりしたら、**B**を入れ、フライパンについた脂をこそげ落とすように全体を混ぜる。ふたをし、煮汁が半分以下になるまで15～20分煮る。
4. **3**に生クリームを加えて全体を混ぜ、さらに3～5分煮る。塩、こしょうで味をととのえる。 [a]
5. 器にご飯を盛り、**4**をかけ、クレソンを添える。

memo
肉を焼いたあと、そのまま調味料を入れ、煮込みます。調理器具がひとつですむだけでなく、肉のうまみも煮汁に溶け込んで、おいしさを逃がさないメリットが。

point
生クリームで味がマイルドになり、カレー粉もなじむ

🔍 ほったらかしレシピ

オムレツピッツア

ピザ生地の代わりに卵を使ったフライパンピッツア。
オーブンで焼くより手軽なのに豪華。お客様がきたときにもどうぞ♪

🕐 20分
297 kcal

:: 材料（4人分）

粗びきウインナー…3本
パプリカ（赤・黄）…各⅛個
グリーンアスパラガス…3本
玉ねぎ…½個
A ┌ 卵…5個
　├ トマトケチャップ…大さじ2
　└ コンソメスープの素（顆粒）…小さじ1
塩…小さじ½
こしょう…適量
ピザ用チーズ…50g
オリーブオイル…大さじ2½

:: 作り方

1 粗びきウインナーは横半分に切る。パプリカはヘタと種を取り、細切りにする。グリーンアスパラガスは根元のかたい部分を切り落とし、半分に切る。玉ねぎは薄切りにする。

2 フライパンにオリーブオイル大さじ½を**強火**で熱し、1を入れ、**焦げ目をつける**ように炒め、いったん取り出す。

3 フライパンに残りのオリーブオイルを**中弱火**で熱し、**よく混ぜ合わせたA**を流し入れる。2回ほどかき混ぜたら、2をのせる。塩、こしょうをふり、ピザ用チーズを散らし、ふたをしてチーズが溶けるまで加熱する。a

memo
ピザ生地がなくても、ピザ風ができちゃうのはフライパン調理ならでは。ふたをすれば、チーズもおいしくとろけます。大勢でわいわい食べるのにもいいですね。

point
a
2を戻す際、放射状に並べるときれいに。

豚肉とお豆の煮込みパスタ

⏱ 35分 / 735 kcal

「豚肉＋トマト＋豆＝おいしさ間違いなし」のフライパン料理。
パスタをゆでる鍋もいらず、パスタがスープを吸うのでおいしい。

:: 材料（2人分）

豚ひき肉…200g
玉ねぎ…½個
セロリ…½本
にんにく…3片
A ┌ 白ワイン…100mℓ
　├ コンソメスープの素（顆粒）…小さじ2
　└ ローリエ…1枚
B ┌ トマト缶（ホール）…1缶（400g）
　├ ミックスビーンズ
　│ 　（水煮・ドライパックなど）…120g
　└ ショートパスタ…150g
塩…小さじ1
こしょう…適量
パセリ（みじん切り）…適量

:: 作り方

1. 玉ねぎ、セロリ、にんにくはみじん切りにする。
2. フッ素樹脂加工のフライパンを中火で熱し、ひき肉を入れて炒める。肉から脂が出たら、1を加えて炒める。
3. Aを加え、ひと煮立ちさせたらBとひたひたの水を加え、弱中火で20〜30分煮込む。途中水分がなくなったら、水適量を加える。塩、こしょうで味をととのえる。[a]
4. 器に盛り、パセリをふる。

memo
炒める調理から煮込む調理までフライパンひとつにお任せ。ひき肉は脂が多いので、フッ素樹脂加工のフライパンを使います。油なしで調理できるのでヘルシー。

point
a ショートパスタはゆでずに乾燥のままでOK。

フライパンひとつで！

🔍 ほったらかしレシピ

memo
韓国料理で人気のチヂミも フライパンひとつで簡単！ ポイントは中心を押しなが ら焼き、ごま油をフライパ ンのふちから加えてサクサ クした食感に。

海鮮チヂミ

表面がカリッとして中はもっちもち♪
そして海鮮のジューシーな味わいがたまらない一品です。

🕐 20分
637 kcal

:: 材料 (2人分)

A ┌ えび (殻・背ワタを取る)…5尾
　├ いか (5mm幅に切る)…1杯分
　├ にんじん (せん切り)…⅓本分
　├ にら (3cm幅に切る)…½束分
　└ 玉ねぎ (薄切り)…½個分
塩…小さじ½
こしょう…小さじ¼

チヂミの生地
B ┌ 小麦粉…150g
　├ 白玉粉…大さじ1
　├ 片栗粉…大さじ½
　├ 卵…1個
　├ ダシダ* (なければ和風だしの素
　│　〈顆粒〉)…小さじ1
　└ 水…200ml

タレ
┌ しょうゆ…大さじ2
├ 黒酢・はちみつ・白すりごま
│　…各大さじ1
├ 韓国産唐辛子…小さじ1〜2
└ 塩…小さじ½
万能ねぎ (小口切り)…適量
ごま油…大さじ2½

*ダシダとは韓国で使われるだしの素。

point
ごま油は全体にま わるよう、ふちか ら回しかける。

:: 作り方

1 フライパンにごま油大さじ½を**中火**で熱し、**A**を入れて炒める。塩、こしょうで下味をつける。

2 ボウルに**B**を入れて、よく混ぜる。

3 フライパンにごま油大さじ1を**中火**で熱し、**2**の¾量を流し入れ、全体にのばす。**1**をのせて残りの**2**をまわしかけ、まわりが焼けてきたら、フライパンのふちから生地の下に流し込むようにごま油大さじ½を加え、ふたをして**中弱火**で5分ほど焼く。

4 ひっくり返し、さらにフライパンのふちから残りのごま油を加え、**強火**で表面がカリッとするまで焼く。

5 皿に食べやすく切った**4**を盛り、万能ねぎをふる。合わせたタレを添える。

まいたけと鶏団子の
みぞれ鍋

野菜をたっぷり食べられる鍋料理です。
おろしはなんと大根½本分！　大根の大量消費にもおすすめ。
お好みでゆずこしょうといっしょにいただいても。

30分
356 kcal

鍋ひとつで！

:: 材料（2人分）

＊鶏団子のたね＊
- 鶏もも肉…150g
- 長ねぎ…½本
- パン粉…大さじ2
- しょうゆ・酒・ごま油…各大さじ1
- 片栗粉…小さじ1

ほうれん草…1束
まいたけ（大きめにほぐす）…2袋分
白菜（食べやすく切る）…¼個分
大根（すりおろす）…½本分

A
- だし汁…800㎖
- 鶏がらスープの素…大さじ1
- 酒…100㎖
- しょうゆ…大さじ1
- 塩…小さじ½

:: 作り方

1. ほうれん草はよく洗い、水けを残してラップでくるみ、電子レンジで1分30秒～2分加熱する。水にさらして粗熱がとれたら、水けをしぼってざく切りにする。
2. 鍋にAを入れて強火にかけ、煮立たせる。
3. フードプロセッサーに、肉だんごのたねのうち鶏肉を入れて粗びきにする。残りの肉だんごの材料を加えて撹拌し、混ぜ合わせる。団子状に丸め、2に入れる。 a
4. まいたけ、1、白菜を加え、大根おろしをかぶせるようにのせる。 b
5. 野菜がやわらかくなり、肉団子に火が通ったら取り分けていただく。

memo
和風鍋は1品で栄養バランスがいいうえ調理も手軽！

手間なし料理No.1といえば鍋。野菜をザクザク切って材料を揃えれば、あとは鍋に入れるだけ！　食卓で調理できるから、用意から食べ始めるまでがスピーディ。今回はフードプロセッサーまかせの肉団子でさらに手軽に。

point

a
鶏肉をフードプロセッサーでひき肉にすることで、粗びきになり、プチッとした肉の食感がジューシー。

b
大根おろしには消化を助ける役割も。軽くしぼって水けをきっておくと、だしがよくしみておいしい。

ほったらかしレシピ

84

🔍 ほったらかしレシピ

野菜たっぷり煮込みハンバーグ

深みのあるソースで煮込んだハンバーグは誰もが大好きなごちそう！
肉も野菜も焼いてから煮込むので
おいしさも栄養も逃がしません。

鍋ひとつで！

30分
491 kcal

∴ 材料（2人分）

- ハンバーグの肉だね（P.32参照）…半量
- にんじん…½本
- 玉ねぎ…½個
- じゃがいも（大）…1個
- 白ワイン…50mℓ
- A ┌ トマト缶（ホール）…1缶（400g）
    ├ コンソメスープの素（顆粒）…小さじ2
    └ ウスターソース…50mℓ
- 塩…小さじ1
- こしょう…適量
- オリーブオイル…大さじ½
- パセリ（みじん切り）…適量

∴ 作り方

1. ハンバーグの肉だねをよくこね、5等分にする。
2. にんじん、玉ねぎ、じゃがいもは2cm角に切る。 a
3. 鍋にオリーブオイルを中火で熱し、1を入れて焼く。片面に焼き色がついたら裏返して中弱火にし、2を加えてさらに焼く。 b
4. 野菜に油がまわったら、白ワインを加える。ひと煮立ちしたら、Aを加え、15〜20分煮込む。塩、こしょうで味をととのえる。パセリを散らす。 c

memo
煮込み料理はぜひ「見せ鍋テク」でそのまま食卓へ

煮込み料理の熱々の状態をそのまま食卓に届けたかったら、皿に盛らずにぜひ鍋ごと出しましょう！　見た目もおいしさを演出する大切な要素。グラグラと沸き立つ煮汁はそれだけで食欲を誘います。

point

a 火の通りをスピーディにするために野菜は小さめの角切りに。均一にそろえるところもポイント。

b 野菜は煮る前に焼くことでうまみがとじ込められ、味もしみやすくなる。ハンバーグを崩さないように注意して。

c 煮込みハンバーグにぴったりなのがウスターソース。加えることで、野菜のうまみやスパイスをプラスできる。

85

カムジャタン

カムジャタンとは骨つき肉とじゃがいもを煮込んだ韓国の鍋料理。
コチュジャンと粉唐辛子を使ったピリリとした味がやみつきに。

60分 / 450 kcal

材料 (2人分)

- 豚スペアリブ…6〜8本
- じゃがいも…4個
- 玉ねぎ…1個
- 長ねぎ(切れ端)…適量
- 塩・黒こしょう(粗びき)…各少々
- A
  - 酒…50mℓ
  - コチュジャン…大さじ3
  - みそ…大さじ2
  - にんにく(すりおろし)…大さじ1 1/2
  - しょうが(すりおろし)・砂糖・粉唐辛子(できたら韓国産)…各大さじ1
- 水…1000mℓ
- 白すりごま…大さじ1〜2
- 粉唐辛子(できたら韓国産)・万能ねぎ(小口切り)…各適量
- ごま油…大さじ1

作り方

1. スペアリブは塩、黒こしょうをしっかりすり込み、15〜20分おく。
2. じゃがいもは皮をむいて2等分に切る。玉ねぎは2cm幅のくし形切りにする。Aはよく混ぜ合わせておく。
3. 鍋に蒸し器を重ねて水適量を入れる。長ねぎを敷いてスペアリブをのせ、ふたをして中火で15分ほど蒸す。a
4. 鍋にごま油を入れ中火で熱し、スペアリブを入れて、両面をサッと焼く。焼き色がついたら、じゃがいも、玉ねぎ、2のAを加えて炒め合わせる。油がまわったら水を加えて煮る。ひと煮立ちしたらアクを取り、ふたをして弱中火で25〜30分煮る。白すりごま、粉唐辛子、万能ねぎをかける。

memo
蒸す、焼く、煮るという3つの工程を経て、スペアリブの脂が適度に抜け、ほろほろと柔らかい状態に。面倒に見えますが、鍋ひとつなのでラクチンです。

point
a 蒸すことで余分な脂が抜けておいしくなる。

ほったらかしレシピ

鶏の治部煮(じぶに)

粉をまぶした鶏肉と季節の野菜をほんのり甘く煮ます。
ほっこりするような優しい味が魅力。

30分
375 kcal

:: 材料（4人分）

鶏もも肉…2枚
にんじん…1本
しめじ…1パック
焼き豆腐…1丁（300g）
さやいんげん…8本
酒…大さじ1
片栗粉…大さじ1

A
┌ だし汁…600mℓ
│ しょうゆ…大さじ3
│ みりん…大さじ2
└ 砂糖…大さじ1

:: 作り方

1. 鶏肉はひと口大に切り、酒をまぶす。水けをペーパータオルでふき取り、片栗粉をつける。
2. にんじんは8mm厚さの輪切りにして花形に抜き、飾り包丁を入れる。しめじは石づきを切り落とし、小房に分ける。焼き豆腐は水きりし、8等分にする。さやいんげんは3つに切る。
3. 鍋にAを入れて中火にかけ、にんじんを加えて煮る。ひと煮立ちしたら、1をひとつずつ重ならないように入れて煮る。再び煮立ったら弱火にし、途中裏返しながら10～15分煮る。 a
4. 鶏肉に火が通ったら、しめじ、豆腐を入れ、全体に火が通ったら、さやいんげんを入れて2～3分煮る。

memo
加賀の郷土料理として有名な治部煮。鴨肉の代わりに鶏肉、麩の代わりに豆腐を使ったので作りやすい内容に。野菜は季節に合わせてほうれん草などにしても。

point
片栗粉をまぶした鶏肉はくっつきやすいので注意して。

memo
グラタンはゆでる、炒める、オーブンで焼くなど、さまざまな工程が。オーブン対応の鍋だったら最初から最後までひとつでできるから、洗いものも減ってラクチン。

ブロッコリーとカリフラワーの
シーフードグラタン

グラタンも大皿料理感覚で鍋ごとオーブンへ。
ボリュームのある存在感がテーブルに華を添えます。

30分
505 kcal

鍋ひとつで！

:: 材料（4人分）

えび（殻・背ワタを取る）…8尾
ほたて…5個
A ┌ ブロッコリー（小房に分ける）…½株分
　├ カリフラワー（小房に分ける）…½株分
　└ 玉ねぎ（薄切り）…½個分
マカロニ…150g
ピザ用チーズ…50g
パン粉…大さじ1
B ┌ 小麦粉…30g
　└ バター…60g
C ┌ 牛乳…600ml
　└ コンソメスープの素（顆粒）…小さじ2
塩…小さじ¼〜½
こしょう…適量

:: 作り方

1 オーブン対応の鍋に水と塩各適量を入れて**中火**にかけ、ひと煮立ちしたらマカロニを入れ、袋の表示通りゆでる。

2 マカロニのゆであがりの2分前に**A**を加え、1分前にえび、ほたてを加える。ザルにあげ、水けをきる。 a b

3 鍋に**B**を入れて**中火**にかけ、よく混ぜながら炒める。ふつふつしてきたら、**C**を加え、とろみがついたら塩、こしょうで調味する。**2**を加え、全体にからめたら火を止める。 c

4 ピザ用チーズ、パン粉をのせ、**180℃**のオーブンで15〜20分焼く。

point

a マカロニをゆでるついでに野菜をゆでれば時短に。

b 野菜を加えて1分ゆでた後、えび、ほたてを加えて。

c 小麦粉がバターに完全に溶け、ふつふつしたら牛乳を。

🔍 ほったらかしレシピ 🍲

鶏もも肉のカチャトーラ

夏野菜がおいしい季節になったらぜひ作ってほしいレシピ。
鶏肉のあっさりしたおいしさがトマトの酸味で引き立ちます。

⏱ 40分 / 346 kcal

memo
鶏肉のトマト煮とラタトゥイユをいっぺんに味わえる一皿。オーブン対応の鍋だったら、煮込む代わりに170℃のオーブンで30分焼いてもおいしいですよ♪

:: 材料（4人分）

- 鶏もも肉（4等分に切る）…2枚分
- 玉ねぎ（みじん切り）…¼個分
- セロリ（みじん切り）…⅙本分
- ズッキーニ（角切り）…1本分
- なす（角切り）…2本分
- パプリカ（赤／角切り）…1個分
- A
  - 塩…小さじ1
  - ドライハーブ（好みのもの）…適量
  - オリーブオイル…適量
- 白ワイン…大さじ2
- トマト缶（ホール）…1缶（400g）
- B
  - にんにく（みじん切り）…2片分
  - 塩・タイム…各小さじ½
- 塩・こしょう…各適量
- オリーブオイル…大さじ1
- ローズマリー・バゲット…各適量

:: 作り方

1. 鶏肉、Aをポリ袋に入れ、もむ。[a]
2. 鍋にオリーブオイルを**中火**で熱し、1を皮目から入れて焼く。片面に焼き色がついたら、ひっくり返してさらに焼く。<u>両面にしっかり焼き色がついたら、白ワインを加え、水分をとばす。</u>
3. 2に玉ねぎ、セロリを加えて炒める。<u>透き通ってきたら、ズッキーニ、なす、パプリカの順に加えて炒める。全体にしんなりしたら、トマト缶を加える。</u>ひと煮立ちしたら、Bを加えて**中弱火**にし、30分ほど煮込む。[b]
4. ソースの水分が少なくなったら、塩、こしょうで味をととのえる。皿に盛り、ローズマリーをのせ、バゲットを添える。

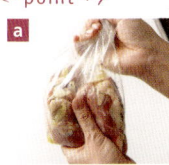

point

[a] ポリ袋でもみ込む。下味がよくしみ、洗いものもナシ！

[b] コトコト煮込むから、トマトのうまみが具にじんわり。

stock!
密閉できるふたつき鍋は、そのままストックできて便利。

column

本当に便利！
上島先生 おすすめ！
Foods & goods ❸

キッチンばさみ＆ドレッシングボトル

たとえば添えもののかいわれ大根や水菜など、ほんのちょっと切りたいだけのとき、わざわざ包丁とまな板を出すのは面倒ですよね。でも、ちょっと緑があるのとないのとでは見た目も味も大違いです。
そこで活用したいのがキッチンばさみ。ちょっとした野菜を切るのはもちろん、場合によっては薄切り肉などもチョキチョキあっという間に下ごしらえができちゃいます。ただ

し、肉や魚介を切るものと野菜を切るものは分けるかその都度しっかり洗うなど、衛生面には気をつけて。
さて、添えるといえばドレッシングやタレ。こちらも作りおきするときは、作ったドレッシングなどをそのまま保存できるドレッシング専用容器が便利です。熱々のオイルを入れることもあるので、耐熱のものが重宝します。

キッチンのアクセントにもなってくれそうな、美しい色合いのキッチンばさみ。

イワキの耐熱性ドレッシングボトルは、そのまま冷蔵庫に入れられて見た目も◎！

PART 3

野菜&海藻がたっぷり!
常備菜&作りおきサラダ

下ごしらえが面倒、鮮度が落ちやすいから…と
ついつい野菜から遠のいていませんか。
常備菜や作りおきサラダを活用して
野菜を食べる機会を増やしましょう。

INDEX

- 作っておきたい!常備菜…94
- まとめて作れる!作りおきサラダ…100
- おいしく長持ち!作りおきマリネ…104

常備菜や作りおきサラダで不足がちな野菜、海藻、乾物もたっぷりとれる！

体を整えるビタミン、ミネラルや食物繊維など、野菜には栄養がたっぷり。でも、平均すると必要な摂取量の8割程度しかとれていないのが現状です。

その理由を考えてみると、野菜は確かに下ごしらえが面倒という面があるかもしれません。皮をむく、食べやすい大きさに切る、アクを抜く、種を取るなどなど。肉やご飯に比べて、調理に手間がかかります。

ならば、いっそ面倒な下ごしらえを一気にすませてしまい、毎日の食事には「温めるだけ」「料理に加えるだけ」でいい状態に仕上げておきましょう。本章ではそんな野菜がたくさんとれる常備菜を、アレンジ例とともに紹介します。

Point of this chapter

不足しがちなビタミン、ミネラルが摂れる！

つい不足しがちなのが、カルシウムや食物繊維、ビタミン類。常備菜があれば、それらを含む野菜や海藻、乾物をとる機会が増えます。

野菜、海藻、乾物はまとめてたっぷり作る

水で戻す、下ゆでするなどの作業が必要で、野菜と並んで下ごしらえが面倒な海藻や乾物もやっぱり「まとめて大量調理」が正解

常備菜は上手にアレンジしてお弁当に！

常備菜はそのまま食べるだけでなく、アレンジして楽しみましょう。もちろん、お弁当のちょこっとおかずにも使えます。

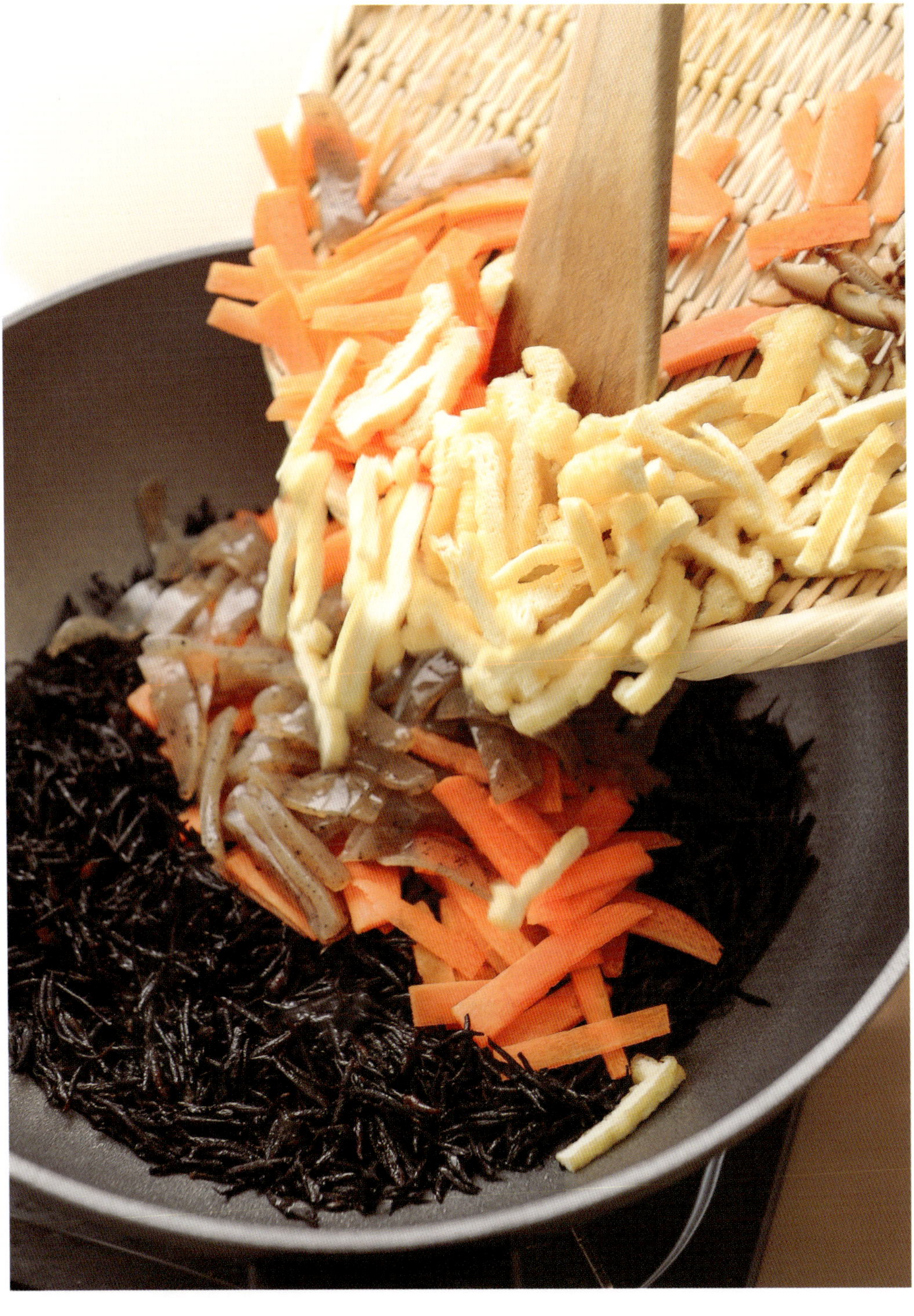

作っておきたい！
常備菜 ①

おくほどに味がしみておいしいのは常備菜ならでは。油揚げや高野豆腐も使って、ボリューム感たっぷりに仕上げました。

25分
560 kcal
*全量
ひじきを戻す時間は除く

冷蔵 6日間
冷凍 2週間

ひじきの五目煮

:: 材料（作りやすい分量）

ひじき（乾燥）…30g
にんじん（短冊切り）…1本分
干ししいたけ（戻したもの／薄切り）
　…3枚分
こんにゃく（短冊切り）…½枚分
油揚げ（短冊切り）…1枚分
高野豆腐（細切り）…½袋分
塩…小さじ½
酒…大さじ2
A ┌ だし汁…800㎖
　│ しょうゆ…大さじ3
　└ みりん…大さじ2
ごま油…大さじ1

:: 作り方

1 ひじきはボウルに入れて3回水を取り替えながら洗ってから、水に30分ほど漬けて戻す。水けをきる。 a
2 鍋にごま油を**中強火**で熱し、1を炒める。ざっと油がまわったら、にんじん、干ししいたけ、こんにゃくを加え、さらに炒め、塩で味をととのえる。
3 酒を加え、ひと煮立ちしたら、Aを加えてさっと混ぜる。油揚げ、高野豆腐を加える。 b c
4 落としぶたをして15分ほど煮る。粗熱がとれるまでそのままおく。

stock!
常備菜は2〜3日食べられるように多めに作ります。煮汁もいっしょに容器に保存すれば、味がしみてさらにおいしい！ また、煮汁は炊き込みご飯のときなどの味を決める調味料としても使えるので捨てずにストックして。

point

a ひじきは分量の10倍の水に漬けて戻します。戻しすぎると切れやすくなるので注意して。

b 高野豆腐にはさまざまなサイズが。今回は煮物に使いやすい、細切りタイプで。

c 細切りにした高野豆腐を加えてボリュームアップ。具がたくさんだから、栄養もたっぷり！

94

常備菜&作りおきサラダ

30分
568 kcal
※米の浸水時間は除く

10分
184 kcal

arrange ❷
ひじきの五目ご飯

材料を入れたらあとは炊飯器におまかせ！
ふっくら五目ご飯ができあがります。

材料（2人分）

- ひじきの五目煮…大さじ5
- 米…1.5合
- もち米…0.5合
- A
  - だし汁（ひじきの五目煮の煮汁あれば加える）…2合弱
  - しょうゆ…大さじ½
  - 塩…小さじ½
- ごま油…小さじ1

作り方

1. 米ともち米はとぎ、ザルにあげ、水けをきる。
2. 炊飯器の内釜に1、ひじきの五目煮、Aを入れ、30分浸水させてからスイッチを入れる。
3. 炊きあがったら、ごま油を加えよく混ぜる。

memo
うまみが溶け込んだ五目煮の煮汁も加えます。つや出しのごま油は、香りでも食欲アップ。具がたっぷりだから、あとはみそ汁をつけるだけでも大満足。

arrange ❶
油揚げとひじきの
ロール焼き

酒の肴やお弁当にもぴったりな、ちょっとおしゃれな一品。
最後にふたをして蒸し煮にし、ふんわりとした食感に仕上げます。

材料（2人分）

- ひじきの五目煮…大さじ3
- A
  - 鶏ひき肉…100g
  - 片栗粉…大さじ½
  - 塩…小さじ½
- 油揚げ…1枚

作り方

1. ボウルにひじきの五目煮、Aを入れ、よくこねる。
2. 油揚げは横長の面から包丁を入れて開き、1を全面にのばす。横長の面からロール状に巻く。[a]
3. フッ素樹脂加工のフライパンを中火で熱し、2を入れ、転がしながらこんがり焼く。ふたをして弱火にし、3〜5分加熱して火を通す。

point
[a]
巻き込み始めの部分には具をのばさない方がやりやすくて◎。両手でおさえながら巻いて。

作っておきたい！
常備菜 ❷

たっぷりの根菜を使った、素朴な味のきんぴらです。だからこそ毎日食べても飽きません！コリコリするきくらげの食感がアクセントに。

⏱ 15分
567 kcal ＊全量

冷蔵 4日間
冷凍 2週間

根菜のきんぴら

:: 材料（作りやすい分量）

- れんこん…5cm分
- にんじん…1本
- ごぼう…1本
- きくらげ（乾燥）…5g
- 赤唐辛子…1本分
- 酒…大さじ1
- A ┌ しょうゆ…大さじ2
  └ 砂糖…大さじ1
- ごま油…大さじ1

:: 作り方

1 れんこんは薄切りにし、酢水（水200mlに対して酢大さじ1）に10分ほどつけてアク抜きをする。にんじんは大きめのささがきに、ごぼうは大きめのささがきにして5分ほど水につけてアク抜きをする。

2 きくらげはぬるま湯につけて戻し、ひと口大に切る。赤唐辛子は種を取って2つに折る。

3 フライパンにごま油と赤唐辛子を**中強火**で熱し、1、2のきくらげを加えて炒める。全体に油がまわったら、酒を加える。野菜がしんなりしたら**A**を加え、いり煮にする。

point 火の通りをそろえるため、根菜の厚みを同じにするように切る。

stock! 根菜類はアク抜きなどの下ごしらえが必要で、また火の通りが悪いので手間が多いことも。日持ちするきんぴらを大量に作ってストックすると便利。煮汁が出たらそれごと密閉容器に入れて冷蔵保存して。

memo 日持ちはしますが、ほかの保存食と同様、食べるたびに火を通して。このきんぴらはごぼうやにんじんのささがきが大きめ。食べごたえのある一品に仕上げます。

常備菜&作りおきサラダ

arrange ❶
簡単混ぜご飯

温かいご飯に混ぜるだけだから本当に簡単！
野菜たっぷりの食べ応えある混ぜご飯になります。

∷ 材料（2人分）

根菜のきんぴら
　…2つかみ
ご飯…茶碗2杯分
塩…適量
白いりごま…適量

∷ 作り方

1 きんぴらと温かいご飯を混ぜ合わせる。塩で味をととのえる。
2 器に盛り、白いりごまを散らす。

memo
きんぴらの量は好みで加減して。混ぜたあと、おにぎりにしてお弁当に入れても。

5分
305 kcal

arrange ❷
根菜入り卯の花

難しそうに見えますが
きんぴらとおからをだし汁で煮るだけで完成！

∷ 材料（2人分）

根菜のきんぴら
　…2つかみ
おから…50g
だし汁…100〜150㎖
（おからの水分で調整）

∷ 作り方

1 鍋におからとだし汁を入れて中火にかけ、水分をとばすように混ぜながら煮る。
2 1がなじんだら、根菜のきんぴらを加え、水分がなくなるまで煮る。

memo
おからは低カロリー&低価格なのでヘルシー&節約に。

10分
141 kcal

作っておきたい！ 常備菜 ❸

夏野菜を炒めてからトマトで煮込むラタトゥイユはフランスの常備菜的存在。温かい状態もいいですが、冷やしてもおいしくいただけます。

40分
606 kcal
*全量

冷蔵 3日間
冷凍 1〜2週間

ラタトゥイユ

:: 材料（作りやすい分量）

- セロリ…½本
- 玉ねぎ…½個
- なす…3個
- ズッキーニ…2本
- パプリカ（赤・黄）…各1個
- にんにく（みじん切り）…3片分
- 白ワイン…50mℓ
- A ┏ トマト缶（ホール）…1缶（400g）
　　┣ ハーブ（タイムなど好みのもの・ドライでも可）…適量
　　┗ 塩…小さじ1
- 塩…小さじ¼〜½
- こしょう…適量
- オリーブオイル…大さじ3

:: 作り方

1. セロリ、玉ねぎは粗みじん切り、なす、ズッキーニは輪切り、パプリカはヘタと種を取って乱切りにする。
2. 鍋にオリーブオイルを中火で熱し、にんにく、セロリ、玉ねぎを炒める。透明になってきたら、なす、ズッキーニ、パプリカの順に加えて炒める。a
3. 全体に油がまわったら、白ワインを加える。ひと煮立ちしたらAを加え、20〜30分煮込み、塩、こしょうで味をととのえる。b

stock!
肉料理にも魚料理にも合うつけあわせとして重宝するので作りおきがあると便利。粗熱を冷ましてから密閉容器に入れて保存します。冷凍保存もできるので、小分けにして冷凍室へ。

memo
ハーブはバジルやタイムなど家にあるもので。フレッシュでもドライでもOK。

\ point /

a 歯ごたえを残したいパプリカは最後に入れる。

b トマトはつぶしながら入れるとなじみやすい。

常備菜&作りおきサラダ

arrange ❶
プロバンス風ご飯

温かいご飯にのせるだけの5分でできちゃうメニュー。
温泉卵がトマト味によく合います。

材料（1人分）

ラタトゥイユ
　…お玉1杯分
ご飯…茶碗1杯分
温泉卵…1個
バジル(好みで)…少々

作り方

器にご飯を盛り、ラタトゥイユと温泉卵をのせる。バジルを添える。

memo
ラタトゥイユは冷たかったら電子レンジや鍋で温めて。熱々にしすぎない方が◎。

5分
421 kcal

arrange ❷
かじきまぐろの香草焼き ラタトゥイユ添え

かじきはフライパンで焼くから手軽。
ラタトゥイユをのせるだけでカフェ風に。

材料（2人分）

ラタトゥイユ…お玉2杯分
かじきまぐろ(切り身)
　…2切れ
塩…小さじ1
ドライハーブ(好みのもの)
　…適量
オリーブオイル…大さじ1
グリーンリーフ・バゲット・
タイム…各適量

作り方

1 かじきまぐろは塩をまぶして余分な水けをふき取り、オリーブオイルとドライハーブをすり込む。
2 フライパンを熱し、**中火**で1を焼き、両面こんがり焼いたら、皿に取る。
3 2のフライパンを**中火**で熱し、ラタトゥイユを入れて温め、2にかけ、タイムをのせる。グリーンリーフとバゲットを添える。

15分
234 kcal

グリーンサラダ

10分
120 kcal
*全量
冷やす時間は除く

まとめて作れる！
作りおきサラダ ①

野菜の水分をとばし、パリッとした状態で冷蔵庫へ。あとはドレッシングをかけるだけという状態にしておけば便利です。

:: **材料**（作りやすい分量）

- レタス…1玉
- きゅうり…1本
- 玉ねぎ…½個

point

a 食感的にも衛生的にも水分はきっちりとばして。サラダスピナーなどの道具を使うとラクチンです。

:: **作り方**

1. レタスはひと口大にちぎる。きゅうり、玉ねぎはスライサーで薄切りにする。
2. **1**を10分ほど冷水に浸けたあと、水けを完全にきる。 a
3. ファスナーつきポリ袋に移し、冷蔵庫で30分以上冷やす。

stock!

冷蔵3日間

冷蔵庫で保存する際にはファスナーつきポリ袋などに1回分ずつ分けておくと、ササッと使えて便利。ひとつの袋に野菜の種類がかたよらないように注意して入れます。こうしておけば、3日間はおいしくいただけます。

手作りドレッシング2種

玉ねぎドレッシング

セロリはおいしい隠し味に。はちみつのやさしい甘みもプラス。

冷蔵3日間

:: **材料**（作りやすい分量）

- セロリ…1本
- 玉ねぎ…1個
- にんにく（すりおろし）…1片分
- A ┌ 白ごま油…70ml
  │ 酢…50ml
  │ はちみつ…大さじ1
  │ 塩…15g
  └ こしょう…適量

:: **作り方**

1. フードプロセッサーにセロリを入れ、水分が出るくらいまで撹拌する。玉ねぎを加え、同様に水分が出るくらいまで撹拌する。
2. **1**ににんにく、**A**を加え、さらに撹拌する。

stock!

作りたてよりも1日おいたぐらいが、味が落ち着いておいしくなります。そのまま食卓に出せるよう、ドレッシングボトルに入れて冷蔵庫で保管して。

にんじんドレッシング

にんじんの甘みがプラスされたタイプ。お子さまにもおすすめです。

冷蔵3日間

:: **材料**（作りやすい分量）

- にんじん…½本
- 玉ねぎ…⅛個
- セロリ…⅛本
- A ┌ オリーブオイル…50ml
  │ ワインビネガー…100ml
  │ はちみつ…大さじ1
  │ しょうゆ…大さじ½
  └ 塩・こしょう…各適量

:: **作り方**

1. にんじんはすりおろす。
2. フードプロセッサーに玉ねぎ、セロリを入れて細かいみじん切りにし、耐熱ボウルに入れ、電子レンジで1分ほど加熱し、軽く火を通す。
3. **2**に**1**、**A**を加え、泡立て器でよく混ぜる。冷蔵庫で冷やす。

stock!

こちらも味が落ち着くまでおくほうが美味。自家製のドレッシングをストックできるような少量サイズのボトルを買いそろえるのもステキですね。

常備菜&作りおきサラダ

まとめて作れる！
作りおきサラダ ❷

ポテトサラダやマカロニサラダなど調理したタイプのものも作りおきできます。こちらも傷まないよう野菜を洗ったあとはしっかり水けをきっておくことがポイント。

102

常備菜&作りおきサラダ

さっぱりポテトサラダ

セロリの薄切りとレモン汁でさわやかに仕上げました。
おもてなしにもぴったりなポテトサラダです。

⏱ 30分　889 kcal *全量　冷蔵3日間

:: **材料**（作りやすい分量）

- じゃがいも…3個
- ベーコン（2cm幅）…100g
- セロリ（薄切り）…1本分
- にんにく（薄切り）…2片分
- レモン汁…大さじ3
- 塩…小さじ½〜1
  （ベーコンの塩分で調整）
- こしょう…適量
- オリーブオイル…大さじ2

:: **作り方**

1. 鍋に水600㎖、塩大さじ1（分量外）の塩水を作って中火にかけ、じゃがいもを入れて15〜20分ゆでる。じゃがいもがやわらかくなったのを確認し、皮をむき、水けをきる。
2. フライパンにオリーブオイル、にんにく、ベーコンを入れて弱火で熱し、焦がさないようにじっくり炒める。[a]
3. ボウルに1、2、セロリ、レモン汁を入れてよく混ぜ、塩、こしょうで味をととのえる。[b]

stock!
雑菌が繁殖しないよう、完全に冷めてから密閉容器に入れて保存して。味がなじむので翌日もおいしい。比較的水分の少ない野菜を使っているので、日持ちするタイプのサラダです。

point

[a] ベーコンは脂を落とし、にんにくの風味がつくようじっくりと炒める。

[b] 混ぜるときは、食感を残すためつぶさないように、ざっくりと合わせる。

野菜たっぷりマカロニサラダ

これだけでもおなかが大満足するほどボリューム満点。
ヨーグルト＋マヨネーズでマイルドな酸味。カロリーも控えめに。

⏱ 20分　883 kcal *全量　冷蔵3日間

:: **材料**（作りやすい分量）

- ハム（せん切り）…5枚分
- 玉ねぎ（薄切り）…¼個分
- にんじん（せん切り）…½本分
- きゅうり（薄切り）…½本分
- セロリ（薄切り）…½本分
- キャベツ（粗めのせん切り）…3枚分
- マカロニ…100g
- 塩…適量
- A ┌ プレーンヨーグルト（水きり）
  │　　…大さじ3
  └ マヨネーズ…大さじ2
- 塩…小さじ½
- こしょう…適量

:: **作り方**

1. 玉ねぎは水にさらし、水けをきる。
2. ボウルに1、にんじん、きゅうり、セロリ、キャベツを入れ、軽く塩をふる。しんなりしたら、水けをきる。
3. マカロニを袋の表示通りゆでる。熱いうちに、ハムとともに2に加え、混ぜ合わせる。Aを加え、さらに混ぜる。塩、こしょうで味をととのえる。[a]

stock!
こちらも雑菌が繁殖しないよう、完全に冷めてから密閉容器に入れて保存するのが基本。ヨーグルトやマカロニはしっかり水きりしてから混ぜるのが作りおきサラダを長持ちさせるポイント。

point

[a] 味をなじませるために、マカロニが熱いうちに混ぜ合わせるのがポイント。

おいしく長持ち！
作りおき マリネ

作りおきにぴったりなのがマリネ。調味料に漬け込むことで野菜が長持ちします。マリネ液をいろいろアレンジすれば飽きることもありません。違う野菜でもぜひ試してみてくださいね。

常備菜&作りおきサラダ

うずらとミニトマトのカレー風味マリネ

ほんのり香るカレー味がうずらの卵によく合います。
お弁当のつけあわせにもいいですよ。

15分 / 323 kcal *全量 / 冷蔵5日間
漬ける時間は除く

stock!
マリネ液ごと密閉容器に入れて保存。漬けすぎないよう調整して。

:: 材料(作りやすい分量)

うずらの卵(水煮)…10個
ミニトマト…10個
セロリ(食べやすい大きさに切る)
　…1/2本分
A ┌ ピクルス液…(P.18参照)
　├ カレー粉…小さじ1
　└ ローリエ…1枚

:: 作り方

1 耐熱容器にAを入れ、電子レンジで約1分加熱する。
2 粗熱がとれたら、うずらの卵、爪ようじで穴を2か所あけたミニトマト、セロリを加え、冷蔵庫で1日漬ける。

根菜のマリネ

素揚げしてから漬け込むので味がよくなじみます。
かむたびに味がじんわりおいしい♪

15分 / 1123 kcal *全量 / 冷蔵5日間
漬ける時間は除く

stock!
素揚げしているぶん、日持ちがよい。マリネ液ごと密閉容器で保存を。

:: 材料(作りやすい分量)

ごぼう(大きめの拍子木切り)…1本分
れんこん(大きめの拍子木切り)…5cm分
にんじん(大きめの拍子木切り)…1本分
大根(棒状に切る)…5cm分
にんにく(半分に切る)…2片分
揚げ油…適量
A ┌ サラダ油…150ml
　└ ごま油…大さじ2

マリネ液
┌ 黒酢…50ml
├ しょうゆ…大さじ2
├ はちみつ…大さじ1
├ 塩…小さじ1/2
└ 赤唐辛子(種を取る)…1本

:: 作り方

1 ごぼうは5分ほど水につけてアク抜きし、水けをきる。れんこんは酢水(水200mlに対し酢大さじ1)に10分ほどつけてアク抜きし、水けをきる。
2 小さめのフライパンにAを180℃に熱し、1、にんじん、大根、にんにくを1〜2分素揚げする。
3 保存容器にマリネ液の材料を入れて混ぜ、2を加え、冷蔵庫で半日漬ける。

玉ねぎとパプリカのマリネ

火を使わずに、材料を切ってマリネ液に漬けるだけ。
レモンとオリーブオイルのさわやかな風味が魅力。

15分 / 323 kcal *全量 / 冷蔵5日間 / 冷凍2週間
漬ける時間は除く

stock!
調味料が全体に回るようによく混ぜ合わせてから密閉容器で保存。

:: 材料(作りやすい分量)

玉ねぎ(薄切り)…1個分
パプリカ(赤・黄・薄切り)
　…合わせて1個分
ローリエ…1枚
A ┌ レモン汁…大さじ3
　├ オリーブオイル…大さじ2
　├ 塩…小さじ1/2
　└ こしょう…適量

:: 作り方

1 ボウルにAを入れ、よく混ぜる。
2 1に玉ねぎ、パプリカ、ローリエを加え、冷蔵庫で半日漬ける。

column

本当に便利！

上島先生 おすすめ！

Foods & goods ④

菊花ごはん鍋＆レードル

炊飯器はスイッチを押せば、放っておいてもご飯が炊けて、確かに便利ですが、土鍋で炊いたご飯はまた格別。直火で炊くことに躊躇するかたが多いのですが、じつはとても簡単！沸騰して蒸気が出たら火を止め、20分間蒸らすだけ。炊飯器よりもスピーディに炊きあがるんですよ。写真左の菊花ごはん鍋は電子レンジでの温めなおしもできちゃいます。

とてもかわいい形だから、私は2サイズ購入してしまいました。こんなデザインの土鍋だったら、炊き込みご飯などのときは、そのままテーブルに置いても素敵ですね。キッチンツールもやはり見た目が大切。写真右のレードルも、すっきりとしたフォルムで、キッチンをおしゃれに。「立つお玉」なので、スペースを有効活用できます。

銀峰の菊花ごはん鍋。2合、5号の2サイズ展開。めんどうくさい火加減なしでOK。

アッシュコンセプトの TATEOTAMA タテオタマ スタンダード。

PART 4

たっぷり作っておきたい！
具だくさんスープ＆
ごはんレシピ

たんぱく源や野菜がたっぷり入った
スープやごはんもの。
これだけで栄養面もおなか的にも
大満足するレシピをお届けします。

INDEX
・具だくさんスープ…110
・具だくさんごはん…116

旬の食材をふんだんに使った具だくさんのスープやごはんはそれだけでごちそう。

忙しい毎日、食事ごとに品数をそろえるのはなかなか難しいですよね。朝やお昼などは、用意する時間もなければ食べる時間も短かったり……。そんなときにおすすめしたいのが、野菜などの具がたくさん入ったスープや炊き込みご飯です。スープにするとかさが減るため、生で食べるよりも野菜を多くとれるというメリットもあります。うまみが食材の中までしみ込むから、野菜が苦手な子供も汁物にすればパクパク食べてくれます。肉などのたんぱく源も加えれば、それ一品で栄養バランスが整います。また、炊き込みご飯だったら炭水化物もとれます。この章では旬の食材をたっぷり使った、ごちそうスープや炊き込みご飯を選んでみました。

～ Point of this chapter ～

スープやポタージュはこんなに野菜たっぷり!

煮ることでかさが減るので、思っている以上に野菜をとることができます。野菜不足を感じていたらぜひスープやポタージュを!

具だくさんごはんのおにぎりとスープだけで栄養満点!

炊き込みご飯で作ったおにぎりと野菜たっぷりスープがあれば、バランスのいい献立が完成。メニューを考えるのもラクです。

具だくさんスープがあればパンを添えるだけでOK!

たとえば旬の野菜を使ったスープだったら、ビタミン・ミネラル類がとれるから、あとはパンだけで十分立派な朝ごはんに。

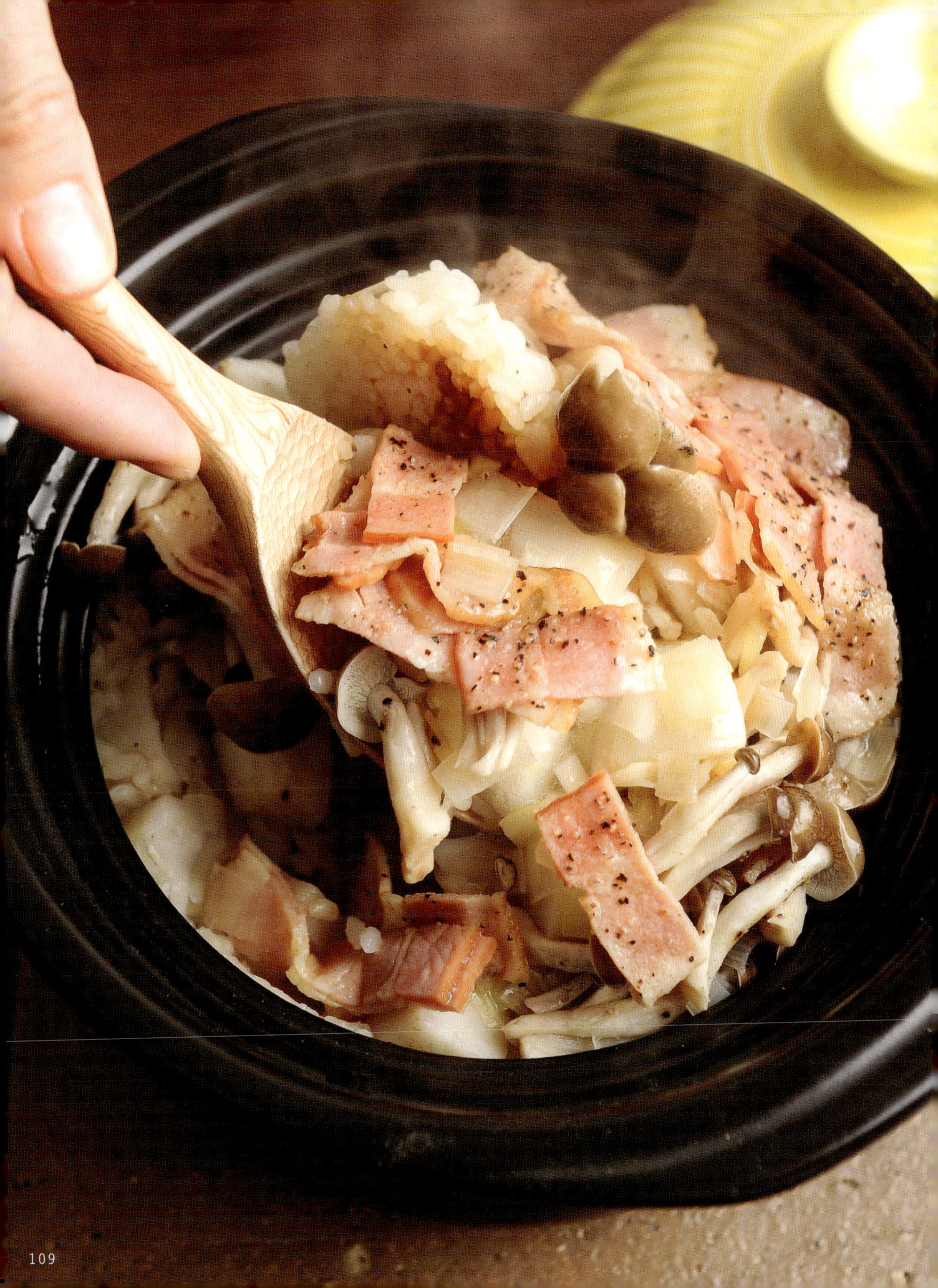

キャベツたっぷりクラムチャウダー

野菜の栄養とうまみがいっぱいとけ込んだ
やさしいミルク味のスープです。砂抜きの必要がない、
缶詰のあさりを使用するから手間がかかりません。

栄養満点！具だくさんスープ

25分
230 kcal

:: 材料（4人分）

- キャベツの葉…2枚
- ベーコン…30g
- あさり（缶詰）…1缶（125g）
- 玉ねぎ…½個
- セロリ…½本
- じゃがいも…1個
- バター…大さじ1
- 白ワイン…大さじ2
- 牛乳…600ml
- 塩・こしょう…各適量
- 水溶きコーンスターチ（コーンスターチ大さじ1を水大さじ2で溶く）
- A［コンソメスープの素（顆粒）…小さじ1 / 塩…小さじ½］
- イタリアンパセリ（好みで）…適量

:: 作り方

1. キャベツ、玉ねぎ、セロリ、じゃがいもは小さめの角切りにする。
2. ベーコンは小さめの角切りにする。
3. 鍋にバターを**弱火**で熱し、ベーコンを入れて炒める。キャベツ以外の**1**を加えて**中火**で炒める。白ワインを加え、煮立たせる。 [a]
4. 3にあさりの缶詰、キャベツ、A、ひたひたの水を加え、具がやわらかくなるまで**中火**で10〜15分煮る。 [b]
5. 4に牛乳を加え、塩、こしょうで味をととのえる。水溶きコーンスターチを加え、とろみがつくまで加熱する。器に盛り、イタリアンパセリを浮かべる。 [c]

memo たっぷりのキャベツが入ったほっこりスープ

キャベツをはじめ野菜がたっぷりで、これ1品でかなりの量がとれます。また、調理の際、失われがちなビタミンB群やビタミンCなどの水溶性ビタミンも、汁物だったら丸ごととれるので効率的。

point

a 白ワインは食材のくさみを消し、香りとコクをプラス。煮立ててアルコールをしっかり飛ばして。

b "ひたひた"とは中の具材が水面から出る程度のこと。具材を煮詰めたいときの水量です。

c とうもろこしからとったデンプンがコーンスターチ。片栗粉のように水で溶いてから使います。

具だくさんスープ&ごはんレシピ

ビーンズミネストローネ

野菜のうまみや酸味、苦みなどさまざまな味のハーモニー。
ボリューム感があるから、この1杯でおなかも大満足！

30分
189 kcal

具だくさんスープ
栄養満点！

材料（4人分）

ベーコン…50g
にんじん…1本
玉ねぎ…1個
セロリ…1本
かぶ…3個
キャベツの葉…2枚
白ワイン…大さじ2
A ┌ 水…600mℓ
　├ トマト缶（ホール）…1缶（400g）
　├ 大豆（水煮）…100g
　├ コンソメスープの素（顆粒）…小さじ2
　└ 塩…小さじ1
塩・こしょう…各適量
オリーブオイル…大さじ1

作り方

1 ベーコンは5mm幅に切る。
2 にんじん、玉ねぎ、セロリ、かぶ、キャベツは7mm角に切る。a
3 鍋にオリーブオイルを弱火で熱し、1のベーコンを入れて炒める。ベーコンがカリッとしてきたら中火にし、2を加えて炒める。
4 野菜に油がまわったら、白ワインを加える。ひと煮立ちしたらAを加え、野菜がやわらかくなるまで15～20分煮る。b
5 塩、こしょうで味をととのえる。

point

a
具はすべて同じ大きさにして食感をそろえる。

b
トマト缶はつぶしながら入れると口当たりがなめらかに。

具だくさんスープ&ごはんレシピ

かぶのポタージュ

小麦粉や片栗粉でなく、ご飯を使うことによって
やさしいとろみがついたポタージュです。

20分
193 kcal

::材料(4人分)

かぶ(大)…3個
セロリ…½本
長ねぎ…½本
バター…大さじ3
A ┌ ご飯…大さじ2
　├ 塩…小さじ1
　└ ローリエ…1枚
牛乳…400～500㎖
塩・こしょう…各適量
オリーブオイル…適量

::作り方

1 かぶは実を薄切りにし、葉を小口切りにする。セロリ、長ねぎは薄切りにする。

2 鍋にバターを弱中火で熱し、1のセロリ、長ねぎを入れて焦がさないように炒める。

3 長ねぎがしんなりしたら、1のかぶの実、A、ひたひたの水を加え、かぶがやわらかくなるまで5～7分煮る。a

4 フードプロセッサーに3を入れ、なめらかになるまで撹拌する。鍋に戻し、牛乳を加え、塩、こしょうで味をととのえる。

5 器に盛り、こしょうをふり、1のかぶの葉を散らす。オリーブオイルをまわしかける。

point
a
煮るので、冷たい状態
のご飯でもOK。

具だくさんスープ 栄養満点！

15分
35 kcal

15分
55 kcal

セロリのエスニックスープ

セロリ、ナンプラー、パクチーなど
独特の香りと味はやみつきになりますよ。

:: 材料（4人分）

セロリ（薄切り）…1本分
鶏ささ身…2本
パクチー…1束
A ┌ 水…600㎖
　│ 酒…大さじ2
　│ 鶏がらスープの素
　└ 　（顆粒）…小さじ2
ナンプラー…小さじ2
塩・こしょう…各適量

memo
香菜、コリアンダーなどとも呼ばれるパクチー。清涼感のある香りと味が特徴です。

:: 作り方

1 セロリは薄切り、パクチーは茎と葉に分け、茎はみじん切りにする。
2 鍋にAを入れて中火にかける。ひと煮立ちしたら、ささ身を入れ、5〜7分ゆでる。
3 ささ身を取り出し、筋を取り除き、さいてから鍋に戻す。1のセロリ、パクチーの茎、ナンプラーを加えて中火で煮る。再びひと煮立ちしたら、塩、こしょうで味をととのえる。
4 器によそい、パクチーの葉をのせる。

大根と春菊のスープ

少しだけほろ苦い大人味のスープです。
ビタミンCが豊富で冬にとりたい栄養がたっぷり。

:: 材料（4人分）

大根…1/6本
春菊…1/2束
ベーコン…30g
酒…大さじ1
A ┌ 水…600㎖
　│ 鶏がらスープの素
　└ 　（顆粒）…小さじ2
塩…小さじ1/4〜1/2
こしょう…適量
ごま油…大さじ1/2

memo
春菊の香りを生かすため、加熱しすぎに注意。火を止めるちょっと前に加えます。

:: 作り方

1 大根は5㎜角に、春菊、ベーコンは5㎜幅に切る。
2 鍋にごま油を弱中火で熱し、ベーコン、大根を入れ、炒める。
3 大根が透き通ったら酒を加える。ひと煮立ちしたら、Aを加え、さらに3〜5分加熱する。
4 塩、こしょうで味をととのえる。春菊を加え、火を止める。

具だくさんスープ&ごはんレシピ

15分
103 kcal

30分
229 kcal

ねぎたっぷりの酸辣湯（サンラータン）

ごま油の香りがきいた、とろみのあるスープです。
たんぱく源のひき肉や豆腐も入って栄養満点。

:: 材料（4人分）

長ねぎ…1本
豚ひき肉…100g
絹ごし豆腐…½丁（150g）
酒…大さじ1
A ┌ 水…600ml
　│ しょうゆ…大さじ1
　│ 鶏がらスープの素
　└ 　（顆粒）…小さじ2
黒酢…大さじ1
塩・こしょう…各適量
水溶き片栗粉
　（片栗粉小さじ2を
　　水大さじ1で溶く）
ごま油…小さじ1
万能ねぎ（小口切り）
　…5本分

:: 作り方

1 長ねぎはみじん切り、絹ごし豆腐はさいの目切りにする。
2 フッ素樹脂加工の鍋を中火で熱し、ひき肉を炒める。肉の色が変わったら、1の長ねぎを加え、さらに炒める。
2 全体に油がまわったら、酒を加える。ひと煮立ちしたら、Aを加える。
3 再びひと煮立ちしたら、1の豆腐、黒酢を加え、塩、こしょうで味をととのえる。水溶き片栗粉を加えて、とろみがつくまで煮る。火を止め、ごま油を加えて混ぜる。器によそい、万能ねぎを散らす。

かぼちゃのポタージュ

セロリや長ねぎが隠し味に。
甘すぎるかぼちゃのポタージュが苦手な人もぜひ。

:: 材料（4人分）

かぼちゃ…¼個
セロリ・長ねぎ
　…各½本
バター…大さじ3
牛乳…400〜500ml
A ┌ ローリエ…1枚
　└ 塩…小さじ1
塩・こしょう・シナモン
　パウダー…各適量

:: 作り方

1 かぼちゃ、セロリ、長ねぎは薄切りにする。
2 鍋にバターを中弱火で熱し、1のセロリ、長ねぎを入れて焦がさないように炒める。
3 野菜がしんなりしたら、1のかぼちゃ、A、ひたひたの水を加え、かぼちゃがやわらかくなるまで10〜15分煮る。
4 フードプロセッサーにローリエを外した2を入れ、なめらかになるまで攪拌する。鍋に戻して中火で熱し、牛乳を加え、塩、こしょうで味をととのえる。器によそい、シナモンとこしょうをふる。

そら豆とグリーンピースの炊き込みご飯

炒めた豆をあとから混ぜるから香ばしいおいしさ。
ごま油とナンプラーの風味もたまりません!

⏱ 60分 / 324 kcal
※米の浸水時間は除く

材料（4人分）

- 米…2合
- そら豆…15粒
- グリーンピース…50g
- A
  - セロリ（みじん切り）…5cm分
  - しょうが（みじん切り）…1片分
  - 鶏がらスープの素（顆粒）…小さじ2
  - ごま油…小さじ1
  - 塩…小さじ1/3
- 酒…大さじ1
- ごま油・ナンプラー…各大さじ1

作り方

1. 米はといで水けをきり、炊飯器の内釜に入れる。酒を加え、水を2合の目盛りまで入れ、30分おく。Aを加えて炊く。
2. そら豆は薄皮をむく。a b
3. フライパンにごま油を中火で熱し、そら豆、グリーンピースを入れて炒める。焼き色がついたら、ナンプラーを加え、火を止める。c
4. ご飯が炊きあがったら、3を加え、混ぜ合わせる。d

point

a そら豆の薄皮をむくときは、まず包丁で黒い部分に切り込みを入れる。

b 切り込みに指を入れて、開くようにするとつるりとむける。

c しょうゆ感覚で使えるのがナンプラー。炒めた豆の味つけにまわしかけて。

d 炒めた豆を炊き込みご飯に、つぶさないようにざっくりと混ぜ合わせる。

memo

旬の豆の味をたっぷり堪能できるのが炊き込みご飯

そら豆やグリーンピースは添え物になることが多いのですが、旬のときはぜひ主役で味わってほしいもの。そんな場合に最適なのが、豆ご飯です。通常はいっしょに炊き込みますが、今回は後のせに。焼いた豆の香ばしさがごま油やナンプラーの風味とよく合います。

具だくさんスープ&ごはんレシピ

ざく切り玉ねぎの炊き込みピラフ

⏱ 60分
328 kcal
米の浸水時間は除く

バターしょうゆを混ぜ込んだ洋風の炊き込みごはんです。
粉チーズやパセリはお好みでどうぞ。

∷ 材料（4人分）

- 米…2合
- セロリ…½本
- 長ねぎ…½本
- 玉ねぎ…1個
- にんにく（みじん切り）…1片分
- バター…20g
- コンソメスープの素（顆粒）…小さじ2
- しょうゆ…大さじ1
- 粉チーズ・パセリ（みじん切り）…各適量
- こしょう…少々

∷ 作り方

1. 米はといで水けをきり、炊飯器の内釜に入れる。2合の目盛りより5mm下まで水を加え、コンソメスープの素の半量をふりかけ、30分おく。
2. セロリ、長ねぎはみじん切り、玉ねぎはくし形に切る。
3. フライパンに中火でバターの半量を熱し、にんにく、2のセロリ、長ねぎを入れて炒める。全体に油がまわったら、残りのコンソメスープの素を加える。
4. 1に3を加え、玉ねぎをのせて炊く。 a
5. 炊きあがったら、残りのバターをのせ、こしょうをふり、しょうゆをまわしかけてざっくり混ぜる。器に盛り、粉チーズとパセリをふる。 b

point

a 玉ねぎを上にのせることで火の通りが均一に。

b 炊きあがってからバターを溶かすのがコツ。

118

具だくさんスープ&ごはんレシピ

里いもとベーコンの炊き込みご飯

相性のいい和と洋の食材を組み合わせて、秋の味覚である里いもときのこを味わって。

60分
287 kcal
米の浸水時間は除く

:: 材料(4人分)

米…1½合
もち米…½合
ベーコン(5mm幅)…50g
里いも(中)…3個
長ねぎ…½本
しめじ…½パック
A［だし汁…360mℓ
　　酒…大さじ1］
塩…小さじ½
B［バター…大さじ1
　　しょうゆ…大さじ½］
白いりごま・万能ねぎ(小口切り)…各適量

:: 作り方

1 米ともち米はといで水けをきり、炊飯器の内釜に入れる。**A**を加え、2合の目盛りまで水を足す。30分おく。
2 里いもは皮をむき、1cm角に切る。長ねぎは粗みじん切り、しめじは石づきを切り落とし、ほぐす。
3 1にベーコン、里いも、長ねぎ、しめじ、塩を加えて炊く。
4 炊きあがったら、**B**を加え、ざっくり混ぜる。器に盛り、白いりごまと万能ねぎを散らす。a

point

バターとしょうゆは熱々のうちに。

牡蠣と三つ葉の炊き込みご飯

お客さまにも喜ばれる、牡蠣を使った贅沢な一品。
シンプルな味つけだからこそ、牡蠣の芳醇さが引き立ちます。

⏱ 60分
323 kcal
※米の浸水時間は除く

具だくさんごはん 栄養満点！

:: 材料（4人分）

- 米…1½合
- もち米…½合
- 牡蠣（むき身）…12個
- しょうが（針しょうが）…2片分
- A
  - だし汁…350ml
  - 酒…大さじ2
  - 塩…小さじ1
- B
  - しょうゆ…大さじ½
  - 塩…小さじ½
- 三つ葉（ざく切り）…適量

:: 作り方

1. 米ともち米はといで水けをきり、炊飯器の内釜に入れる。**A**を加え、30分おく。
2. フライパンに酒大さじ3（分量外）を中火で熱し、ひと煮立ちしたら、牡蠣を加えてふたをし、1分ほど加熱する。 a
3. **1**に**B**を加え、**2**をのせて炊く。 b
4. 炊きあがったら、牡蠣を取り出す。しょうがを加え、ざっくり混ぜる。器に盛り、牡蠣をのせ、三つ葉を散らす。 c

point

a 炊く前に酒蒸しにしてうまみをとじ込める。

b 崩れやすい牡蠣は最後に米の上にのせる。

c バットなどに牡蠣を取り分けておく。

memo
牡蠣は崩れやすいので混ぜるときは注意！

牡蠣をご飯の上に美しく盛るのも、料理をおいしく見せるための大切な要素。炊きあがったあと混ぜるときは、崩れやすい牡蠣だけ取り出しておくのがコツです。

具だくさんスープ&ごはんレシピ

60分
336 kcal
米の浸水時間は除く

60分
360 kcal
米の浸水時間は除く

きのこの炊き込みピラフ

ガーリックピラフのような味についついお代わりしたくなります。

:: 材料(4人分)

米…2合
ハム…4枚
白まいたけ・白しめじ
　…各1パック
長ねぎ…½本
A ┌ にんにく(みじん切り)
　│　…2片分
　└ バター…20g
コンソメスープの素(顆粒)
　…小さじ2
しょうゆ…大さじ1
白いりごま・こしょう
　…各適量

:: 作り方

1 米はといで水けをきり、炊飯器の内釜に入れる。目盛りの5mm下まで水を加え、30分ほどおく。

2 ハムは小さめの短冊切り、きのこはほぐし、長ねぎはみじん切りにする。

3 フライパンにAを中火で熱し、炒める。香りが出てきたら、白まいたけ、白しめじ、長ねぎを加えて炒める。野菜がしんなりしたら、コンソメスープの素を加えてさらに炒める。1に加えて炊く。

4 炊きあがったら、しょうゆをまわしかけ、ざっくり混ぜる。器に盛り、白いりごまとこしょうを散らす。

大根の中華風炊き込みご飯

大根やピーマンなど、炊き込みご飯ではめずらしい具を使用。味のしみ込んだ大根がご飯によく合います。

:: 材料(4人分)

米…1½合
もち米…½合
ベーコン(かたまり)…50g
大根…100g
長ねぎ…½本
ピーマン…1個
まいたけ(細かくさく)
　…½パック分
しょうが(みじん切り)…少々
A ┌ 酒・しょうゆ
　│　…各大さじ1
　│ 鶏がらスープの素
　│　(顆粒)…小さじ2
　│ 塩…小さじ⅓
　└ こしょう…少々
ごま油…大さじ½
黒いりごま…大さじ1

:: 作り方

1 米ともち米はといで水けをきり、炊飯器の内釜に入れる。水を2合の目盛りよりやや少なめに加え、30分ほどおく。

2 大根は皮をむき、1cm角に切る。ベーコンも1cm角に切る。長ねぎ、ピーマンは粗みじん切りにする。

3 フライパンにごま油とベーコンを入れて中火で熱し、炒める。ベーコンから脂が出たら、大根、長ねぎ、ピーマン、しょうが、まいたけを加えて炒める。野菜に火が通ったら、Aを加え、水分をとばすように、焦げ目がつくまでさらに炒める。

4 1に3を加え、炊く。

5 炊きあがったら器に盛り、黒いりごまをふる。

作っておくと便利! タレ&ソース

10分
6 kcal
*大さじ1あたり

エスニックダレ 〈タレ1〉

かけるだけでエスニック風味のおかずになります。
シンプルなおかゆにかけるとタイ風に。

材料(作りやすい分量)

パクチー(粗みじん切り)…1パック分
みょうが(細かいみじん切り)…1本分
しょうが(細かいみじん切り)…2片分
ライムのしぼり汁…大さじ3(1個分)
ナンプラー・煮きり酒…各大さじ3
しょうゆ…大さじ2
塩・こしょう…各少々

冷蔵 3日間
冷凍 1〜2週間

作り方

ボウルにすべての材料を入れ、よく混ぜる。

よく合う料理はこれ!
えびと春雨のエスニックサラダ
鶏や魚のから揚げ
エスニック風の鍋のつけダレとして

おすすめRecipe

えびと春雨のエスニックサラダ

えびや春雨にさわやかな酸味のきいたタレがぴったり。
バターピーナッツの食感がアクセントに。

材料(2人分)

エスニックダレ
　…大さじ3〜4
えび(ボイル)…8尾
赤玉ねぎ(薄切り)
　…½個分
万能ねぎ(4cm幅)
　…5本分
春雨(乾燥)…50g
バターピーナッツ
　(粗みじん切り)…10粒
サニーレタス…5枚

作り方

1 春雨はゆでて戻し、水けをきり、食べやすい長さに切る。
2 ボウルに1、えび、赤玉ねぎ、万能ねぎ、バターピーナッツ、エスニックダレを入れてよく混ぜる。
3 器にサニーレタスを敷き、2を盛る。

memo
ボイルえびの代わりに、ゆでてほぐした鶏ささ身でもOK。

20分
227 kcal

中華辛味ダレ

タレ2

10分
13 kcal
*大さじ1あたり

豆板醤と香味野菜のピリリとした辛みが特徴。右にあげた料理以外にも焼き肉やしゃぶしゃぶのタレとしてもおすすめです。

よく合う料理はこれ！
蒸しだらのピリ辛ソース
野菜をゆでたり、素揚げして煮びたしに
あさりの酒蒸しなどに

∷ 材料（作りやすい分量）

長ねぎ（細かいみじん切り）…½本分
にんにく（細かいみじん切り）…2片分
黒酢・しょうゆ・煮きり酒…各大さじ3
豆板醤…大さじ1
はちみつ…大さじ½
陳皮（みじん切り／なくても可）…小さじ2
塩…小さじ1
こしょう…少々

∷ 作り方

ボウルにすべての材料を入れ、よく混ぜる。

冷蔵 3日間
冷凍 1～2週間

おすすめRecipe

蒸しだらのピリ辛ソース

電子レンジでふわっと酒蒸しにしたたらにピリ辛のタレがよく合います。

15分
178 kcal

∷ 材料（2人分）

中華辛味ダレ…大さじ2
たら（切り身）…2切れ
もやし…1袋
じゃがいも（せん切り）…大1個分
塩・こしょう…各適量
片栗粉…大さじ½
酒…大さじ1
万能ねぎ（5cm幅）…3本分

memo
白身魚だったら、たら以外でもOK。

∷ 作り方

1 たらは塩をふり、ペーパータオルで水けをふき取り、片栗粉をまぶす。
2 もやしとじゃがいもはさっとゆでる。水けをきり、万能ねぎを加え、塩、こしょうをふって、器に敷く。
3 耐熱の皿に1をのせて酒をふり、ふんわりとラップをかけ、電子レンジで2～3分加熱する。
4 3を2にのせ、中華辛味ダレをかける。

タレ3

梅ソース

10分
29 kcal
*大さじ1あたり

梅干しでさっぱりと仕上がったソース。
電子レンジで沸騰させるときはやけどに注意して。

材料（作りやすい分量）

梅干し（酸味の強いもの）…3個（30g）
A ┌ しょうゆ…大さじ3
　└ 水…100㎖
ごま油…大さじ3

冷蔵 3日間
冷凍 1〜2週間

作り方

1 梅干しは種を取り除き、包丁でたたく。
2 耐熱ボウルに1とAを入れてよく混ぜ、電子レンジで沸騰するまで1分加熱する。
3 2にごま油を加えてよく混ぜる。

～よく合う料理はこれ！～
ミニトマトとツナのさっぱり中華そうめん
野菜のおひたし
和風ハンバーグなどに

おすすめRecipe

ミニトマトとツナの
さっぱり中華そうめん

めんつゆの代わりに梅ソースを使って。
食欲のないときでもスルスルッといけちゃいます。

材料（2人分）

梅ソース…大さじ6
ツナ缶（小）…1缶
ミニトマト（4つ切り）
　…5個分
そうめん…3束
万能ねぎ（小口切り）
　…3本分

作り方

1 そうめんはゆでてよく洗い、器に盛る。
2 1にミニトマト、油をきったツナをのせ、梅ソースをかけ、万能ねぎを散らす。

memo
具とめんとソースを混ぜ合わせながら食べて。

15分
470 kcal

タレ4
しょうがじょうゆ

10分
18 kcal
*大さじ1あたり

タレに深みを与えているのが黒酢とごま油。
刺身やたたきなどの魚に
よく合うタレです。

よく合う料理はこれ！
まぐろとアボカドのポキ
かつおのたたき
餃子のタレなどに

:: 材料（作りやすい分量）

長ねぎ（みじん切り）…½本分
しょうが（みじん切り）…2片分
しょうゆ…大さじ4
黒酢・ごま油…各大さじ1
砂糖…小さじ2
塩…小さじ1

:: 作り方

ボウルにすべての材料を入れ、よく混ぜる。

冷蔵 3日間
冷凍 1〜2週間

おすすめRecipe
まぐろとアボカドのポキ

まぐろやアボカドの濃厚なうまみをタレが引き立てます。
ご飯の上にのせて丼にしても。

:: 材料（2人分）

しょうがじょうゆ
　…大さじ2
まぐろ（刺身用／角切り）
　…100g
アボカド（角切り）…1個分
グリーンリーフ…適量
万能ねぎ（小口切り）…適量

:: 作り方

1 ボウルにまぐろ、アボカド、しょうがじょうゆを入れ、あえる。
2 器にレタスを敷き、1を盛り、万能ねぎを散らす。

memo
ポキとはハワイ風刺身の漬け。
サーモンでもおいしい。

15分
214 kcal

ソース1

ごまのバーニャカウダ

20分
37 kcal
＊大さじ1あたり

女性に人気のバーニャカウダを
ごま風味に仕立てました。
野菜のディップ以外にも活用幅大！

:: 材料（作りやすい分量）

にんにく…3片
牛乳…100㎖

A ┌ アンチョビペースト…10g
　├ オリーブオイル…大さじ1
　├ 生クリーム…30g
　└ 白練りごま…大さじ3

:: 作り方

1 小鍋ににんにく、牛乳を入れて**弱火**で熱し、にんにくが柔らかくなるまで煮る。
2 フードプロセッサーに1のにんにく、**A**を入れ、なめらかになるまで撹拌する。水分量が足りなかったら、様子を見ながら牛乳を足す。

冷蔵 3日間
冷凍 1～2週間

＼＼よく合う料理はこれ！／／
たけのこと鶏ささ身の素揚げ
ゆで野菜とあえて
和風パスタのクリームソースとして

おすすめRecipe

たけのこと鶏ささ身の素揚げ

あっさりとした旬の野菜やささ身を揚げて
ごまのコクが生きたソースでいただきます。

:: 材料（2人分）

ごまのバーニャカウダ
　…大さじ1
鶏ささ身（そぎ切り）
　…3本分
たけのこ（小／薄切り）
　…1個分
ししとう…6本
片栗粉…大さじ2
揚げ油…適量
白いりごま…適量

:: 作り方

1 ささ身、たけのこ、ししとうは片栗粉をまぶす。ささ身は串に刺す。
2 **170℃**の揚げ油で1をカラッと揚げる。
3 器に盛り、白いりごまを散らしたごまのバーニャカウダを添える。

memo
野菜は旬に合わせて。なすなどの素揚げにも。

15分
209 kcal

126

タプナード

ソース2

10分
50 kcal
＊大さじ1あたり

黒オリーブとアンチョビを使った南フランス発祥のソース。
ほどよい塩味はバゲットにも合います。

よく合う料理はこれ！
白身魚のロースト
パスタのソースとして
豚肉や鶏肉のローストにも

材料（作りやすい分量）

黒オリーブ（種なし）…100g
アンチョビ…3枚
オリーブオイル…大さじ3
こしょう…少々

作り方

フードプロセッサーに材料すべてを入れ、なめらかになるまで撹拌する。塩分が足りなければ塩を少々（分量外）加える。

冷蔵 3日間
冷凍 1〜2週間

おすすめRecipe

たらのロースト タプナード添え

粉をはたいてカリカリに焼いた魚と好相性。焼いてかけるだけなのにレストラン風。

20分
223 kcal

材料（2人分）

タプナード…大さじ2
たら（切り身）…2枚
塩・こしょう…各適量
強力粉…大さじ1
好みのきのこ（エリンギ、しめじなど/ほぐす）
　…1パック分
オリーブオイル…大さじ1
バゲット・ローズマリー
　…各適量

作り方

1 たらは塩、こしょうをふり、強力粉をまぶす。
2 フライパンにオリーブオイルを中火で熱し、1、きのこを入れ、たらの両面をこんがりと焼く。
3 器に盛り、たらにタプナードをかける。バゲットとローズマリーを添え、こしょうをふる。

ソース3 フレッシュトマトのソース

20分
26 kcal
*大さじ1あたり

冷蔵 3日間
冷凍 1〜2週間

ほのかな酸味と深みのあるうまみは使うだけで料理をごちそうに。バルサミコ酢はP.176も参照してプルーンを漬け込んで。

:: 材料（作りやすい分量）

ミニトマト…10個
にんにく（みじん切り）…小さじ1
A ┌ エクストラバージンオリーブオイル
  │   …大さじ2
  └ バルサミコ酢…小さじ½
塩・こしょう…各適量

:: 作り方

1 耐熱容器ににんにく、ひたひたのオリーブオイル（分量外）を入れ、ふんわりとラップをかけ、電子レンジで30秒強加熱する。
2 ミニトマトは4つ切りし、種を取り除く。
3 1に2、Aを加え塩、こしょうで調味。冷蔵庫で15分おき、味をなじませる。

よく合う料理はこれ！
冷製トマトのカッペリーニ
薄切りバゲットにのせて
鶏肉のロースト

おすすめRecipe

冷製トマトのカッペリーニ

氷水で冷やした、暑い季節にふさわしいメニュー。
彩りも美しく、目を楽しませてくれます。

:: 材料（2人分）

フレッシュトマトのソース
　…大さじ6
パスタ（カッペリーニ）
　…150g
オリーブオイル…小さじ1
バジル…適量

memo
カッペリーニとは細い種類のパスタのことです。

:: 作り方

1 カッペリーニは袋の表示通りゆでる。氷水にとって水けをきり、オリーブオイル、フレッシュトマトのソースであえる。
2 器に盛り、バジルをのせる。

15分
380 kcal

冷製のチーズソース

ソース 4

⏱ 10分
32 kcal
＊大さじ1あたり

よく合う料理はこれ！
冷製チーズフォンデュ
クリームパスタのソースとして
マカロニサラダやポテトサラダ

野菜やパスタにおすすめのソース。
こしょうを入れることで
ぐんと味がしまります。

材料（作りやすい分量）

A ┌ 牛乳…100ml
　├ コンソメスープの素（顆粒）…小さじ1
　└ こしょう…適量
クリームチーズ…100g

作り方

1. ボウルにAを入れ、よく混ぜる。
2. クリームチーズに1を少量ずつ加え、なめらかになるまでよく混ぜる。

冷蔵 3日間
冷凍 1〜2週間

おすすめRecipe

冷製チーズフォンデュ

材料を切って並べるだけ。
暑くてキッチンに立ちたくない日にも最適！

⏱ 15分
196 kcal

材料（2人分）

冷製のチーズソース
　…適量
サーモン（刺身用）…100g
パプリカ（赤・黄）・ブロッコリー・カリフラワー
　…各適量

memo
野菜はあるものでOK。バゲットなども合います。

作り方

1. サーモンは角切りにする。パプリカは種を取り、食べやすい大きさに切る。ブロッコリー、カリフラワーは小房に分け、ゆでる。
2. 器に盛り、冷製のチーズソースを添える。

column

本当に便利！
上島先生 おすすめ！
Foods & goods ❺

エスニック調味料

ふだんの料理の目先を変えるのに便利なのがエスニック調味料です。最近では取り扱っているお店も増えて、その商品ラインナップもバリエーション豊かになり、見ているだけでもワクワクしてきますよね。

「使うのがなんだか難しそう」という声もよくきかれますが、意外といろいろな料理に使えます。特にアジアの国々の調味料は、私たちの口に合うものが多くあります。

中国のオイスターソース、豆板醤（トウバンジャン）、甜麺醤（テンメンジャン）あたりは使いこなしているかたも多いのではないでしょうか。ナンプラーとスイートチリソースはタイの国民的調味料。タレなどに混ぜるとエスニックな味わいが楽しめます。辛みを足したいときは韓国のコチュジャンや粉唐辛子もおすすめ。深みのある辛さになりますよ。

韓国の粉唐辛子は日本製より辛みが少なくて甘みがあるのが特徴。コチュジャンはそんな粉唐辛子入りのみそ。

濃厚な風味のオイスターソース、うまみとコクのある豆板醤は炒め物に。甜麺醤は独特の風味のある赤みそです。

しょうゆの代わりに使えるナンプラー。スイートチリソースは生春巻きや鶏のから揚げなどにもよく合います。

PART 5

10分でできる！
朝ごはん＆
ランチメニュー

朝ごはんとランチ、どちらも大切な存在なのに
「時間がない」と、ないがしろにしていませんか。
時間がなくてもできる、おいしくて栄養満点の
レシピできちんとごはんしましょ。

INDEX

・10分！朝ごはん…134
・10分！ランチ…142

朝ごはんやランチも
10分あればササッと作れる!

時間がないから朝ごはんは抜き。ランチは市販の弁当やカップラーメン。それもたまには仕方がないけど、毎日だと体が疲れてきませんか。やはり、バランスがとれたおいしいごはんは、体だけでなく心にも栄養を与えてくれます。

何もずらりと品数をそろえる必要はありません。コンビニに行く10分で栄養バランスのとれたごはんが作れます。たとえば、材料を切ってのせただけの丼は、手軽なのに大満足。また、おしゃれなワンプレートにして、気分をアップさせてもいいですね。

10分で仕上げるためには段取りも重要。この章では何をどのように作業していけば、効率よく献立を作り上げられるかのガイドもつけました。ぜひ活用してみてくださいね。

～ Point of this chapter ～

朝ごはんはメインの主食と もう一品あればOK!

たとえばご飯の上に、たんぱく源となる納豆やちりめんじゃこ、そして野菜をのせた丼だったら栄養満点。あとは箸休めの一品を。

ランチはワンプレート などのカフェメニューで

朝昼晩、3食作るのはおっくう。でも午前中頑張ったぶん、ひと息つきたいから、おしゃれなカフェプレートでリラックス!

品数をおさえて、 洗い物もラクに!

時間がないときといえど、洗い物はその都度片づけないと。丼やワンプレートにすれば洗い物が少なくて面倒になりません。

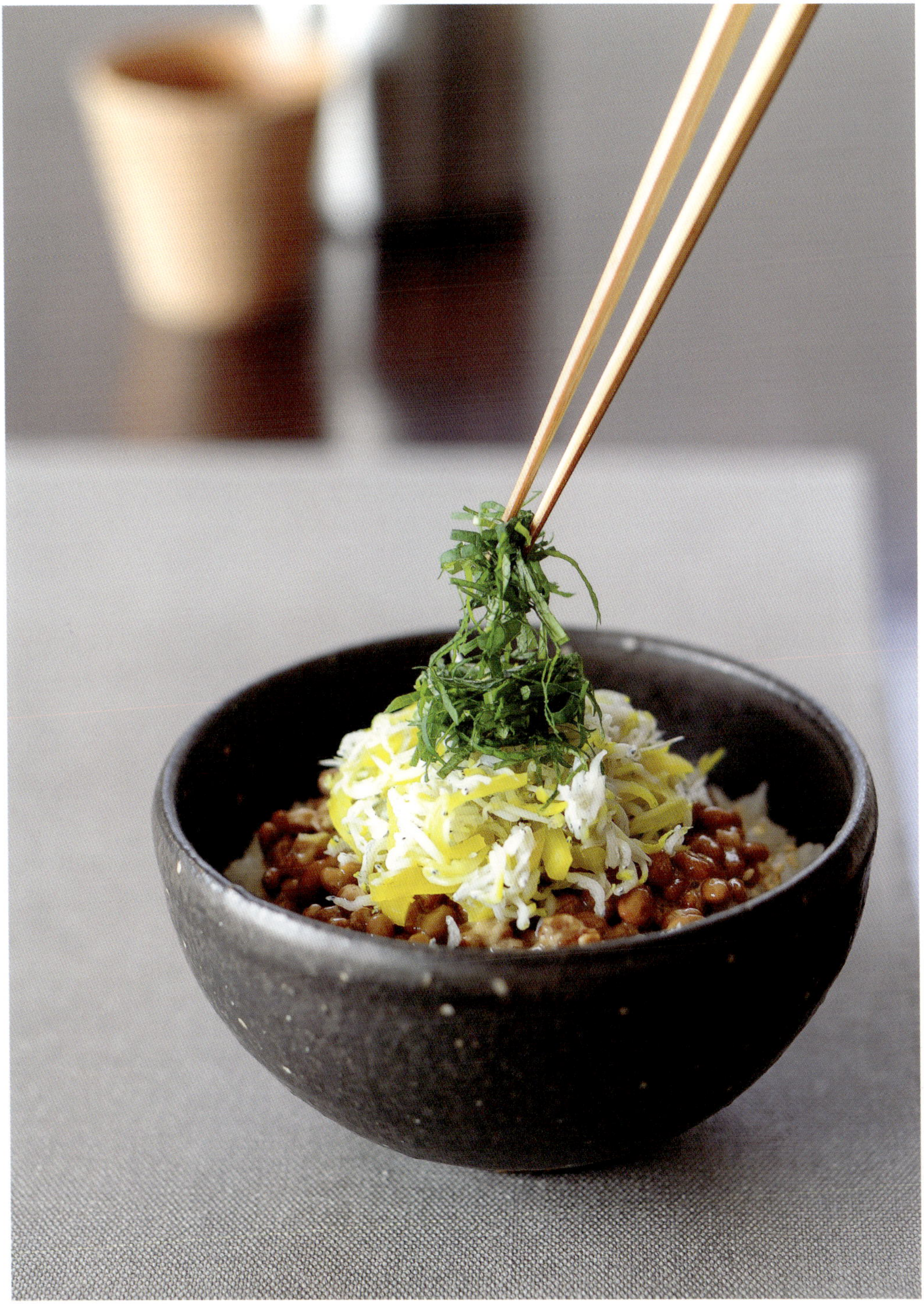

10分! 朝ごはん

主食
具だくさん卵かけご飯

5分 / 424 kcal

切るだけで火を通さずに食べられる食材をのせて完成！
パパッとできるのに栄養満点！食べるときはしょうゆをかけてどうぞ。

:: 材料(1人分)

ご飯…茶碗1杯分
卵黄…1個分
ちりめんじゃこ…大さじ1
オクラ(薄切り)…1本分
万能ねぎ(小口切り)…2本分
たくあん(せん切り)…大さじ1
納豆(ひき割り)…½パック
しょうゆ…適量

:: 作り方

小さめの丼にご飯を盛り、ちりめんじゃこ、万能ねぎ、たくあん、納豆、オクラを中心をあけてのせる。真ん中に卵黄をのせる。しょうゆを添える。

10分で作る！段取りスケジュール

材料を切る
⇩
漬ける
⇩
器に盛りつける
⇩
完成！

副菜
フレッシュ野菜の即席漬け

5分 / 9 kcal

さわやかなレモンの風味をきかせた洋風浅漬け。
野菜はそのときあるものや好きなものでどうぞ。セロリなども合いますよ。

:: 材料(4人分)

きゅうり…½本
ミニトマト…4個
かぶ…1個
レモン…適量
塩…小さじ⅓
レモン汁…大さじ1

:: 作り方

野菜は小さめに切る。塩、レモン汁とあえる。

朝ごはん&ランチメニュー

10分！朝ごはん

主食
しらすと納豆の2色ご飯

ただの納豆かけご飯にしがちだけど、
ほんの5分手間をかけるだけで満足感が違います！

∷ 材料（1人分）　　　　　　　5分　397 kcal

ご飯…茶碗1杯分
しらす干し…大さじ3
納豆…1パック
たくあん（せん切り）…大さじ1
青じそ（せん切り）…2枚分
白いりごま…適量

∷ 作り方

1 しらす干しとたくあんを混ぜ合わせる。
2 小さめの丼にご飯を盛り、白いりごまをふる。納豆、1、青じその順にのせる。

副菜
もずくの酢の物

野菜はスライサーを使えば
手間なく薄切りにできてスピーディ。

∷ 材料（2人分）　　　　　　　5分　92 kcal

ゆでだこ…50g
きゅうり…½本
かぶ…1個
もずく酢…2パック
万能ねぎ（小口切り）…2本分

∷ 作り方

1 きゅうりとかぶはスライサーで薄切りにする。たこは食べやすい大きさに切る。
2 もずく酢に1を入れて混ぜ、万能ねぎを散らす。

10分で作る！段取りスケジュール

材料を切る
⇩
混ぜる
⇩
器に盛りつける
⇩
完成！

朝ごはん&ランチメニュー

10分で作る！段取りスケジュール

材料を切る
⇩
電子レンジで加熱する
⇩
煮る
⇩
焼く
⇩
器に盛りつける
⇩
完成！

主菜
ツナマヨオムレツ

ツナ缶の油も利用してうまみをプラスします。
オムレツは火の通りが早いので忙しい朝に最適。

⏱ 5分 / 425 kcal

:: 材料（2人分）

卵…3個
玉ねぎ（みじん切り）…¼個分
ツナ缶（小）…1缶
マヨネーズ（カロリーオフ）
　…大さじ2
フレッシュトマトのソース
　（P.128参照）…大さじ6
オリーブオイル…大さじ1
レタス・きゅうり（薄切り）・パプリカ（黄・薄切り）・食パン（トースト）…各適量

:: 作り方

1 耐熱ボウルに玉ねぎ、ツナ缶の油を入れ、電子レンジで1分加熱する。
2 1に卵、マヨネーズを入れてよく混ぜ、ツナを加える。
3 フライパンにオリーブオイルの半量を中火で熱し、2の半量を入れ、さっとかき混ぜながら、オムレツの形にととのえる。残りも同様に焼く。
4 器に盛り、フレッシュトマトのソースをかける。レタス、きゅうり、パプリカのサラダ、食パンを添える。

副菜
シャキシャキ野菜のスープ

野菜スープは栄養のバランスをととのえるのにもお役立ち。スライサーを使うから時短にも。

⏱ 5分 / 213 kcal

:: 材料（2人分）

ベーコン（細切り）…30g
じゃがいも…½個
にんじん…⅓本
玉ねぎ…¼個
A ┌ コンソメスープの素（顆粒）…小さじ2
　└ 水…400㎖
塩・こしょう…各適量

:: 作り方

1 野菜をスライサーでせん切りにする。
2 鍋にベーコン、1、Aを入れて中火にかける。ひと煮立ちしたら、塩、こしょうで味をととのえる。

10分で作る！段取りスケジュール

材料を切る
⇩
焼く
⇩
混ぜる
⇩
器に盛りつける
⇩
完成！

10分！朝ごはん

主食
スパムととろとろ卵のおむすび

南国名物のスパムおにぎりをかわいくアレンジ。
マヨネーズを入れて卵焼きをとろとろに焼きます。

⏱ 7分 / 482 kcal

:: 材料（2人分）

ご飯…茶碗2杯分
スパム（7mm幅の薄切り）…2枚
卵…2個
焼きのり（1.5cm幅に切る）…8本
マヨネーズ…大さじ2
サラダ菜…適量

:: 作り方

1 フライパンを中火で熱し、横半分に切ったスパムを入れて、両面こんがり焼き、取り出す。
2 卵をよく溶き、マヨネーズを入れて混ぜる。1のフライパンを中火で熱し、卵液を流し入れる。へらでかき混ぜながら、とろとろのスクランブルエッグにする。
3 ご飯茶碗½杯分を俵形にし、1を1枚のせ、のり2本で巻く。これを4個作る。
4 器にサラダ菜を敷き、3をのせ、2をかける。

副菜
ツナとにんじんのサラダ

セロリとレモンのさわやかな香りが魅力。
箸休めにもふさわしいさっぱり感です。

⏱ 3分 / 128 kcal

:: 材料（2人分）

ツナ缶（小）…1缶
にんじん…½本
セロリ…⅓本
レモン汁…大さじ1
こしょう（好みで）…適量

:: 作り方

1 にんじんとセロリはスライサーでせん切りにする。
2 1にツナ缶、レモン汁を混ぜ、こしょうをふる。

朝ごはん&ランチメニュー

10分で作る！段取りスケジュール

電子レンジで加熱する
⇩
材料をすりおろす
⇩
煮る
⇩
焼く
⇩
器に盛りつける
⇩
完成！

主食
ポパイご飯

ほうれん草はゆでずに電子レンジで調理時間も短縮。
朝からしっかり緑黄色野菜の栄養がとれるメニュー。

10分 / 507 kcal

:: 材料（2人分）

- ご飯…茶碗2杯分
- 卵…2個
- ほうれん草（ざく切り）…1束分
- 玉ねぎ（薄切り）…½個分
- マヨネーズ…大さじ3
- 塩・こしょう…各適量

:: 作り方

1. 耐熱容器によく洗ったほうれん草を入れ、ふんわりとラップをかけ、電子レンジで2分加熱する。水に1分間さらし、水けをよく絞る。
2. 1、玉ねぎ、マヨネーズを混ぜ合わせる。
3. グラタン皿にご飯を盛り、2をのせ、真ん中に卵を割り入れる。軽く塩、こしょうをふり、オーブントースターで5分（または180℃のオーブンで15分）焼く。

副菜
にんじんのすりすりスープ

煮るのに時間がかかるにんじんも
すりおろしにすれば朝でもOK！

5分 / 29 kcal

:: 材料（2人分）

- にんじん（すりおろし）…½本分
- 玉ねぎ（すりおろし）…大さじ1
- A ［ 水…300㎖
    鶏がらスープの素（顆粒）…小さじ2 ］
- 塩…小さじ½
- 水溶き片栗粉（片栗粉小さじ2を水大さじ1で溶く）
- パセリ（みじん切り）…適量

:: 作り方

1. 鍋ににんじん、玉ねぎ、Aを入れて中火にかける。
2. ひと煮立ちしたら、塩で味をととのえ、水溶き片栗粉を加え、とろみがつくまで煮る。
3. 器によそい、パセリを散らす。

10分！朝ごはん

10分で作る！段取りスケジュール

材料を切る
⇩
煮る
⇩
焼く
⇩
巻く
⇩
器に盛りつける
⇩
完成！

主食

ホットケーキドッグ

ホットケーキの生地にはヨーグルトを混ぜてしっとりふわふわに焼きあげます。

5分 / 274 kcal

:: 材料（2人分）

- ウインナー（ロングタイプ）…2本
- A
  - ホットケーキミックス…80g
  - 溶き卵…½個分
  - 牛乳…70ml
  - プレーンヨーグルト…大さじ2
- トマトケチャップ・粒マスタード（好みで）…各適量
- レタス…適量
- フレッシュ野菜の即席漬け（P.134参照）…適量

:: 作り方

1. ボウルにAをよく混ぜ合わせる。
2. フッ素樹脂加工のフライパンを中火で熱し、1の半量を楕円形に流し入れ両面焼き色がつくまで焼く。これを2枚作る。
3. ウインナーはフッ素樹脂加工のフライパンでこんがりと焼く。
4. 2でレタス、3のウインナーを巻き、ピックで刺し、ケチャップをかける。粒マスタード、フレッシュ野菜の即席漬けを添える。

副菜

トマトのコンソメスープ

トマト＋玉ねぎという定番の組み合わせにセロリを加えて新鮮なおいしさに。

7分 / 34 kcal

:: 材料（2人分）

- トマト（中／ざく切り）…1個分
- 玉ねぎ（薄切り）…¼個分
- セロリ（薄切り）…⅛本分
- A
  - コンソメスープの素（顆粒）…小さじ2
  - 水…400ml
- 塩・こしょう…各適量
- セロリの葉（せん切り）…少々

:: 作り方

1. 鍋にAを入れて中火にかける。ひと煮立ちしたら、トマト、玉ねぎ、セロリを加える。再び煮立ったら、塩、こしょうで味をととのえる。
2. 器によそい、セロリの葉をのせる。

朝ごはん&ランチメニュー

10分で作る！段取りスケジュール

材料を切る
⇩
電子レンジで加熱する
⇩
マッシュして煮る
⇩
フィリングを作る
⇩
パンにはさむ
⇩
器に盛りつける
⇩
完成！

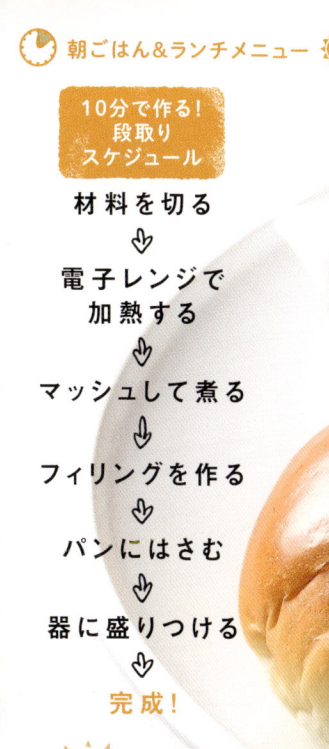

主食
バターロールのお好みサンド

卵サンドはパセリのみじん切りでさっぱりと。
ツナは豆入りでボリューム満点。2つの味を楽しんで。

7分 / 420 kcal

:: 材料（2人分）

バターロール…4個
＊卵のフィリング＊
- ゆで卵（粗みじん切り）…1個分
- マヨネーズ（カロリーオフ）…大さじ1
- パセリ（みじん切り）…少々
- 塩・こしょう…各適量

＊ツナのフィリング＊
- ツナ缶（小）…1缶
- ミックスビーンズ…30g
- マヨネーズ（カロリーオフ）…大さじ1
- 塩・こしょう…各適量

サラダ菜…適量
ハム・きゅうり（薄切り）・レタス（ちぎる）…各適量

:: 作り方

1 卵のフィリング、ツナのフィリングの材料をそれぞれ混ぜ合わせる。
2 バターロールに切り込みを入れ、サラダ菜、1のフィリングをそれぞれはさむ。
3 器に盛り、ハム、きゅうり、レタスのサラダを添える。

副菜
野菜たっぷりクリームスープ

野菜は電子レンジで加熱してから煮て時短。
ジューサーを使わずにマッシュでクリーミーに。

10分 / 259 kcal

:: 材料（2人分）

じゃがいも（1cm角）…1個分
にんじん（1cm角）…¼本分
玉ねぎ（薄切り）…¼個分
A ┌ 牛乳…400ml
　└ コンソメスープの素（顆粒）…小さじ2
塩・こしょう…各適量
バター…大さじ1
水溶きコーンスターチ（コーンスターチ小さじ2を水大さじ1で溶く）

:: 作り方

1 耐熱ボウルにじゃがいも、にんじん、玉ねぎを入れ、ふんわりとラップをかけ、電子レンジでやわらかくなるまで3〜5分加熱する。
2 1にバターを加え、全体をマッシュする。
3 鍋に2、Aを入れて中火にかける。ひと煮立ちしたら、塩、こしょうで味をととのえ、水溶きコーンスターチを加え、とろみがつくまで煮る。

10分！ランチ

主食
韓国風まぐろと青じその漬けご飯

まぐろの刺身をコチュジャンのピリリと辛いタレにあえた丼。
黄身をくずしながら食べると辛さがやわらぎ、うまみが立ってきます。

5分　516 kcal

:: 材料（2人分）

ご飯…茶碗2杯分
まぐろ（刺身用）…100g
長ねぎ…½本
青じそ…6枚
A ┌ しょうゆ…大さじ2
　├ コチュジャン…大さじ1½
　├ すりごま・ごま油…各大さじ1
　└ にんにく（すりおろし）…小さじ1
刻みのり…適量
卵黄…2個分

:: 作り方

1 まぐろは7mm幅の斜め切り、長ねぎは斜め切りにする。
2 Aをよく混ぜ合わせる。
3 器にご飯を盛り、2にくぐらせた青じそをのせる。
4 まぐろと長ねぎを残りの2でよくあえる。
5 3に4、卵黄、のりの順にのせる。

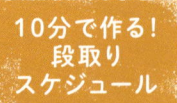

10分で作る！段取りスケジュール

材料を切る
⇩
煮る
⇩
混ぜる
⇩
器に盛りつける
⇩
完成！

副菜
野菜と卵白のスープ

にんじんや大根の自然な甘さが感じられるレシピ。
漬けご飯であまった卵白を活用します。

5分　53 kcal

:: 材料（2人分）

大根…⅛本
にんじん…¼本
長ねぎ…⅓本
卵白…2個分
A ┌ 鶏がらスープの素（顆粒）…小さじ2
　└ 水…600㎖
塩…小さじ½
こしょう…少々

:: 作り方

1 大根、にんじんは薄い半月切りにし、長ねぎは斜め切りにする。
2 鍋に1、Aを入れ、中火にかける。ひと煮立ちしたら、塩、こしょうで味をととのえる。
3 よくかき混ぜた卵白をまわし入れる。

朝ごはん&ランチメニュー

144

朝ごはん&ランチメニュー

10分！ランチ

主食
スープ炒飯

やさしい味わいのスープにくずしながらいただきます。
スープとご飯、いっしょに食べられちゃうのがうれしい。

⏱ 10分 / 494 kcal

:: 材料（2人分）

豚ひき肉…50g
卵…1個
ご飯（温かいもの）…茶碗2杯分
にんじん…¼本
えのきだけ…⅓パック
長ねぎ…¼本
小松菜…2株
A ┌ にんにく（みじん切り）…1片分
　├ しょうゆ・酒…各大さじ1
　├ オイスターソース…大さじ½
　└ 塩…少々
塩・こしょう…各少々
B ┌ 鶏がらスープの素（顆粒）…小さじ2
　├ 酒・みりん…各大さじ1
　├ しょうゆ…小さじ1
　└ 水…400mℓ
水溶き片栗粉
　（片栗粉小さじ2を水大さじ1で溶く）
ごま油…大さじ1½
白いりごま…適量

:: 作り方

1 豚ひき肉に**A**をよく混ぜる。
2 にんじんはみじん切り、根元を切ったえのきだけ、長ねぎは粗みじん切り、小松菜は2cm幅に切る。
3 フライパンにごま油大さじ½を<u>中火</u>で熱し、溶いた卵を流し入れる。菜箸2組でかき混ぜながらいり卵にし、取り出す。
4 3のフライパンにごま油大さじ1を<u>中火</u>で熱し、1を入れて炒める。色が変わったら、小松菜以外の2を加えてさらに炒める。全体に油がまわったら、ご飯を加えてさらに炒め、塩、こしょうで味をととのえる。最後に小松菜を加えてさっと炒め、3を加える。
5 鍋に**B**を入れて<u>中火</u>にかける。ひと煮立ちしたら、水溶き片栗粉を加え、とろみがつくまで加熱する。
6 器に4を盛り、まわりに5をかける。白いりごまを散らす。

10分で作る！段取りスケジュール

材料を切る
⇩
もみ込む
⇩
炒める
⇩
器に盛りつける
⇩
完成！

副菜
キャベツとしょうがの中華サラダ

キャベツとごま油のおいしい組み合わせ。
シンプルなだけに飽きがこないサラダです。

⏱ 3分 / 44 kcal

:: 材料（2人分）

キャベツの葉…3枚
A ┌ しょうが（針しょうが）…½片分
　├ 白いりごま・黒酢…各小さじ2
　└ しょうゆ・ごま油…各小さじ1

:: 作り方

1 キャベツは芯の部分を取り除き、ざく切りにする。
2 ファスナーつきポリ袋に1、**A**を入れ、よくもみ込む。

こっくりさばみそ丼

甘じょっぱいさばのみそ煮はご飯がすすみます。
さばはしっかり湯通ししてくさみを抑えます。

10分
692 kcal

10分！
ランチ

:: 材料（2人分）

さば…1尾
ご飯…茶碗2杯分
A ┌ しょうが…2片
　├ みそ…大さじ2
　└ しょうゆ・みりん…各大さじ1
白いりごま…適量
かいわれ大根…適量
万能ねぎ…3本
みょうが…1個

:: 作り方

1 さばは三枚におろして1.5cm幅にそぎ切りにし、熱湯をまわしかけ湯通しする。
2 かいわれ大根は根元を切り落として食べやすく切り、万能ねぎは斜め切り、みょうがは薄切りにする。
3 鍋にAを入れて中火にかけ、ひと煮立ちしたら、1を加えて落としぶたをし、5分ほど煮る。
4 器にご飯を盛り、白いりごまをかけ、3のさばをのせる。3の煮汁をかけ、2をのせる。

シンガポールチキン

カフェなどですっかり人気となったエスニック料理です。
本来はスープで煮込みますが手軽な電子レンジ調理にアレンジしました。

10分
522 kcal

:: 材料（2人分）

鶏むね肉…1枚
ご飯…茶碗2杯分
長ねぎ・しょうが（切れ端）…適量
パクチー（茎と葉に分ける）…適量
塩・こしょう…各適量
A ┌ 酒…大さじ2
　└ ナンプラー…大さじ1
しょうゆ…大さじ½
もやし（さっとゆでる）…½袋分
豆苗（食べやすく切る）…½パック分
ナンプラー…大さじ2
スイートチリソース…大さじ3

:: 作り方

1 鶏肉に塩、こしょうをふる。耐熱ボウルに入れ、長ねぎ、しょうが、パクチーの茎をのせ、Aをかける。ふんわりとラップをかけ、電子レンジで3分加熱する。取り出してひっくり返し、再び電子レンジで3分加熱し、そのまま2分おく。

2 1の鶏肉を取り出してそぎ切りにする。ボウルの煮汁にしょうゆを加え、さらに電子レンジで30秒～1分加熱する。

3 皿にもやしと豆苗を混ぜたものを敷き、ご飯、鶏肉を盛る。2のソースを熱いうちにかける。スイートチリソース、ナンプラー、パクチーの葉を添える。

10分！ランチ

10分 / 658 kcal

10分 / 943 kcal

タコライス

チリパウダーの量で辛さを調整して。
この一皿でご飯も肉も野菜も乳製品もとれます！

∷ 材料（2人分）

- ご飯…茶碗2杯分
- 合いびき肉…200g
- 玉ねぎ…½個
- にんにく…1片
- トマト缶（カット）…½缶（200g）
- A
  - 塩・こしょう…各少々
  - チリパウダー…小さじ½〜1
- レタス（せん切り）…4枚分
- ピザ用チーズ（チェダー）…大さじ3
- ミニトマト（粗みじん切り）…4個分
- サラダ油…大さじ1

∷ 作り方

1. 玉ねぎとにんにくはみじん切りにする。
2. フライパンにサラダ油を**中火**で熱し、**1**を入れて炒める。香りが出たら、ひき肉を加え、肉がパラパラになるまで炒める。
3. **2**にトマト缶を加え**強火**にし、混ぜながら煮る。煮詰まってきたら、**A**を加えて味をととのえる。
4. 器にご飯を盛り、レタス、**3**、ピザ用チーズ、ミニトマトの順にのせる。

グリーンベジのカルボナーラ

家にあるような材料を混ぜていくだけで、本格派の味。
野菜はそのときどきの旬のものを使って。

∷ 材料（2人分）

- ベーコン（5mm幅）…60g
- グリーンアスパラガス（斜め切り）…3本分
- ブロッコリー（小房に分ける）…½個分
- セロリ（斜め切り）…⅓本分
- スパゲッティ…200g
- A
  - 卵黄…2個分
  - 塩…小さじ1
  - 粗びき黒こしょう…小さじ½
  - 生クリーム…100mℓ
  - パルメザンチーズ…大さじ6
- にんにく（みじん切り）…1片分
- オリーブオイル…大さじ1

∷ 作り方

1. 鍋にたっぷりの湯を沸かし、塩ひとつかみ（分量外）とスパゲッティを入れ、袋の表示通りにゆでる。ゆであがり1分前に野菜も加えいっしょにゆでる。
2. ボウルに**A**を上から順に加えていきながら、そのつど混ぜ合わせる。
3. フライパンにオリーブオイルを**弱火**で熱し、ベーコンを入れ、じっくりと炒める。脂が出てきたら、にんにくを加えて炒め、香りが出たら、火を止め、**2**を加えてなじませる。
4. **3**に**1**を入れ、手早く全体を混ぜる。

148

朝ごはん&ランチメニュー

10分
745 kcal

10分
646 kcal

ガパオ

ひき肉とホーリーバジルと使うタイの定番料理。
手に入りやすいバジルで代用して再現しました。

∷ 材料（2人分）

ご飯（五穀米）
　…茶碗2杯分
鶏もも肉…1枚
パプリカ（赤・黄）
　…各½個
バジル…適量
目玉焼き…2個
赤唐辛子（みじん切り）
　…小さじ1～2
にんにく（みじん切り）
　…2片分
A ┌ 水…100mℓ
　│ ナンプラー
　│ 　…大さじ2
　│ 鶏がらスープの素
　│ （顆粒）・オイスター
　│ ソース・砂糖
　└ 　…各小さじ2
塩・こしょう…各適量
サラダ油…大さじ1

∷ 作り方

1 パプリカは種とワタを取り除き、5mm角に切る。バジルはざく切りにする。
2 フードプロセッサーに鶏肉を入れ、粗びきにする。
3 フライパンにサラダ油を中火で熱し、2、赤唐辛子、にんにくを入れて炒める。肉の色が変わったら、1のパプリカを加えて炒める。全体に油がまわったら、Aを加えて強火にし、水分がとぶまで煮込む。
4 1のバジルを加えて炒め、塩、こしょうで味をととのえる。
5 器に4、ご飯を盛り、目玉焼きをのせ、フレッシュバジル適量（分量外）を添える。

シチリア風あじのパスタ

唐辛子の辛みとトマトの酸味のハーモニーが美味。
早ゆでタイプのパスタを使えば10分でできる！

∷ 材料（2人分）

あじ（三枚おろし）…2尾分
スパゲッティ（早ゆでタイプ）
　…200g
市販のトマトソース…2人分
A ┌ にんにく（みじん切り）
　│ 　…2片分
　│ 赤唐辛子（種を取る）
　└ 　…½本分
塩…適量
ドライハーブ（好みのもの）
　…少々
パン粉（細かめ）…大さじ3
こしょう…少々
オリーブオイル…適量
ディル…適量

おいしいトマトソースの作り方
鍋にオリーブオイル大さじ2、にんにくのみじん切り1片分、半分に割り、種を取った赤唐辛子1本分を中火で熱し、香りが出たらトマトホール缶½缶、塩小さじ1を加えて15～20分煮詰める。

∷ 作り方

1 あじはそぎ切りにして塩をふり、5分ほどおく。ドライハーブ、細かいパン粉をふり、手でなじませる。
2 フライパンに多めのオリーブオイルを中火で熱し、1を入れ、揚げ焼きする。
3 別の鍋にたっぷりの湯を沸かして塩ひとつかみ（分量外）を入れ、スパゲッティを入れて袋の表示通りにゆでる。
4 2のフライパンのオリーブオイルを取り除き、新しいオリーブオイル適量とAを入れて中火で熱し、炒める。香りが出たら、トマトソース、3、こしょうを加え、ざっと混ぜる。器に盛り、2をのせ、ディルを散らす。

超ラク! リメイクレシピ

余ったけど味に飽きてしまったもの、そのままでは味がいまいちなもの、どちらもリメイクしてみましょう！驚くほどおいしくいただけますよ。

チーズ・生ハム

来客時に出したちょっと高めのチーズ、生ハム、スモークサーモンなど。ちょっと残ったけど捨てるのももったいない！…というときにリメイク！

10分
355 kcal

高級生ハムをリメイク!
ちょっとリッチな生ハムでピラフ風

生ハムは加熱しても美味。
電子レンジでパパッとできます。

:: 材料(1人分)

- A
  - 生ハム（粗みじん切り）…4枚分
  - 長ねぎ・セロリ（粗みじん切り）…各¼本分
  - コンソメスープの素（顆粒）・オリーブオイル…各小さじ1
- ご飯…茶碗1杯分
- 塩…小さじ¼
- こしょう…適量
- パセリ（好みで）…適量

:: 作り方

1 耐熱ボウルにAを入れてよく混ぜ合わせ、ふんわりとラップをかけ、電子レンジで1分30秒加熱する。
2 ご飯を加えて混ぜ合わせ、塩、こしょうで味をととのえる。
3 器に盛り、パセリを散らす。

高級チーズをリメイク!
リッチなチーズとくるみのデザートタルティーヌ

チーズ×はちみつの組み合わせはまるでスイーツのよう！

:: 材料(3枚分)

- バゲット（薄切り）…3枚
- バター…大さじ½
- A
  - 余ったチーズ（薄切り）…9切れ
  - くるみ（ロースト／細かく砕く）…6個分
- はちみつ…大さじ1

:: 作り方

1 バゲットにバターを薄く塗り、Aをのせてオーブントースターでこんがりするまで1分30秒～2分ほど焼く。
2 熱いうちにはちみつをかける。

5分
139 kcal
＊1枚あたり

> **作りすぎてしまった ポテトサラダ**
>
> 余ってしまってそのまま食べるのも飽きるなあ、というときは、マッシュポテト代わりに使って。グラタンなどは、下ごしらえがはぶけて重宝しますよ。

残ったポテトサラダをリメイク!
クリーミーグラタン

ポテサラを使うことでもっちりとした新鮮な食感のグラタンに。

材料(1人分)

- ポテトサラダ…100g
- マカロニ(袋の表示通りゆでる)…50g
- 生クリーム…大さじ2
- 牛乳…50㎖
- ピザ用チーズ…大さじ2
- パン粉…少々
- パセリ(好みで)…適量
- 塩・こしょう…各適量

作り方

1. 耐熱ボウルにポテトサラダを入れ、ふんわりとラップをかけ、電子レンジで1分加熱する。
2. 生クリームを1に加え、混ぜ合わせる。牛乳を少しずつ加えてさらに混ぜ合わせ、なめらかなクリーム状にする。塩、こしょうで味をととのえる。
3. 耐熱容器にマカロニを入れて2をかけ、チーズ、パン粉の順にのせ、**180℃**に予熱したオーブンでこんがりするまで焼く。焼きあがったらパセリを散らす。

20分 / 531 kcal

> **余ったかぼちゃの煮物** 
>
> ポテトサラダと同様、つぶせばマッシュかぼちゃとして使えます。コロッケ以外にもグラタンやポタージュ、かぼちゃサラダにもおすすめです。

残ったかぼちゃの煮物をリメイク!
カレーコロッケ

そのままではちょっと甘めだからカレー粉をまぶしてリメイク。

材料(3個分)

- ベーコン(細切り)…20g
- かぼちゃの煮物…100g
- 玉ねぎ(みじん切り)…¼個分
- A [マヨネーズ…大さじ1 / カレー粉…小さじ½ / 塩・こしょう…各少々]
- 小麦粉・溶き卵・パン粉・揚げ油…各適量

作り方

1. 耐熱ボウルにベーコン、かぼちゃの煮物、玉ねぎを入れ、ふんわりとラップをかけ、電子レンジで2分加熱する。粗めにつぶし、**A**で味をととのえる。
2. 1を3等分して丸め、小麦粉をまぶし、溶き卵、パン粉をしっかりつける。
3. 170℃の揚げ油に2を入れ、こんがりするまで揚げる。

20分 / 187 kcal ＊1個あたり

すき焼きの残りをリメイク!
濃厚きのこの佃煮

牛肉ときのこのうまみがマッチして、おにぎりの具やご飯のお供に最適です。

残ったすき焼き
せっかくのいい肉のすき焼きも2日目はちょっと飽きてしまいますよね。きのこと炒め合わせれば、家族に気づかれず、1品増やす裏ワザとしてもおすすめです。

材料 (作りやすい分量)
- すき焼き…1カップ
- A
  - きのこ(えのきだけなど好みのもの)…1パック
  - しょうが(みじん切り)…1片分
  - 長ねぎ(みじん切り)…⅓本分
- 白いりごま…大さじ1
- 七味唐辛子…適量
- ごま油…大さじ½

作り方
1. フライパンにごま油を**中火**で熱し、Aを入れて炒める。香りが出たら、すき焼きを加え、煮詰めるようによく炒める。
2. 1に白いりごまを加え、さらに炒める。器に盛り、七味唐辛子をふる。

15分　187 kcal

大量にゆでて余ったそうめん
思わず大量にゆでてしまったそうめん。余って困った経験はありませんか? そのまま食べると伸びておいしくないそうめんも、刻んでおいしいおやきにチェンジ。

余ったそうめんをリメイク!
和風おやき

余ったそうめんとは思えないおいしさ。おやつやお酒のおつまみにぴったりです。

材料 (5個分)
- A
  - そうめん(粗みじん切り)…100g
  - 万能ねぎ(小口切り)…3本分
  - しょうが(みじん切り)…½片分
  - 白いりごま・片栗粉…各大さじ½
- B
  - しょうゆ・はちみつ…各大さじ2
- サニーレタス…適量
- ごま油…大さじ1

作り方
1. Aをよく混ぜ、直径3cmに平たく丸める。
2. フライパンにごま油を**中弱火**で熱し、1を入れ、両面に焼き色がつくまで焼き、おやきにする。
3. おやきを一度取り出し、フライパンにBを入れて加熱する。フツフツしてきたら、おやきを戻してからめる。サニーレタスを敷いた器に盛る。

15分　137 kcal
※1個あたり

残ったバゲットをリメイク!
アラカルトフレンチトースト

卵液に漬け込んでパサパサ状態が変身。
マーマレードとココアの2つの味を楽しんで。

残ったバゲット（もしくは食パン）
バゲットや食パンはパサパサになってしまうとトーストしても味がいまいち。そこで、一手間かけてお菓子にしてしまいましょう。誰も残り物と思わないおいしさになりますよ。

∷材料（作りやすい分量）
バゲット（角切り）
　…厚さ2cm×2枚分
A ┌ 卵…1個
　│ 牛乳…60ml
　└ 砂糖…大さじ½
マーマレード
　…大さじ2
ココア…小さじ1
チョコレート（好みで）
　…大さじ1

∷作り方
1 ボウルにAを入れて混ぜ合わせる。
2 1を半量ずつに分け、マーマレードとココアをそれぞれに混ぜ、バゲットを漬け込む。
3 天板に2を並べ、**170℃**のオーブンで5～7分焼く。
4 器に3を盛り、電子レンジで溶かしたチョコレートをかける。

🕐 20分
348 kcal

熟れすぎたバナナ
熟れすぎたバナナはどうしても食感が悪く、そのままではけっこうつらいもの。逆にその状態を生かせる料理に使って、最後までおいしく食べましょう☆

熟れすぎたバナナをリメイク!
バナナドーナツ

熟れすぎたバナナほど使うのに最適。
もっちりとした食感はくせになるおいしさです。

∷材料（20個分）
熟れすぎたバナナ…2本
A ┌ 砂糖…大さじ1
　└ シナモン…小さじ1
B ┌ ホットケーキミックス
　│ 　…100g
　│ 卵…1個
　│ プレーンヨーグルト
　│ 　…大さじ1～3
　└ バター（電子レンジで
　　 溶かす）…大さじ1
シナモンシュガー・揚げ油
　…各適量

∷作り方
1 バナナは1cm幅に切り、Aをまぶす。
2 ボウルにBを入れてよく混ぜ、1を加えてざっくり混ぜる。
3 **170℃**の揚げ油で、2をスプーンで落としながら揚げる。
4 器に盛り、シナモンシュガーをかける。

🕐 15分
117 kcal
＊1個あたり

column

本当に便利！

上島先生 おすすめ！

Foods & goods ❻

バルサミコ酢のフルーツ漬け＆ダマにならない小麦粉

料理の味は肉や魚、野菜などメインの食材の質に左右されるのはもちろんですが、調味料などが占める割合も大きいものです。それらの脇役をちょっと変えてみるだけで、いつもの食材が思わぬほどおいしくなったりするもの。

たとえばバルサミコ酢。このイタリア生まれの酢は、ぶどうを熟成させて作られ、芳醇な香りが特徴です。ホワイトソースも思いのままですよ。

高いものほどコクがあって料理に深みを与えてくれますが、176ページで紹介する通りにプルーンを漬けることで安いものも大変身。

また、何げなく使っていることが多い小麦粉ですが、私は写真左「こんな小麦粉ほしかった」を愛用中。ふるわなくてもサラサラな小麦粉です。ダマにならないからなめらかなホワイトソースも思いのままですよ。

オーマイ「こんな小麦粉ほしかった」はお菓子作りにも本当に便利です。

バルサミコ酢がプルーンの甘みと香りでおいしく。同じプルーンで2度までつぎたしてもOK。

PART 6

帰って20分でできる
毎日の晩ごはん献立

一日の終わり、ほかのどの食事よりも
ボリュームがほしいのが晩ごはんですよね。
迷いがちな献立の立て方も
この章でばっちり紹介します。

INDEX

- Mondayの晩ごはん…158
- Tuesdayの晩ごはん…160
- Wednesdayの晩ごはん…162
- Thursdayの晩ごはん…164
- Fridayの晩ごはん…166

毎日の晩ごはんは家族のみんなが喜んで元気に過ごせるメニューを。

一日の締めくくりとして、夕飯は疲れを癒して翌日への英気を養うために重要な存在。一汁三菜とまではいかなくても、肉や魚を使った主菜、野菜をふんだんに使った副菜、具たっぷりのみそ汁やスープ、そしてご飯やパンなどの主食といった献立を用意したいですね。

また、主婦の頭を悩ますのは「今晩のおかず、何にしよう」ということ。そこで、この章では曜日に合わせたメニューを提案してみました。月曜は週末に羽をのばしすぎた食生活を正してくれるような和食、逆に金曜は週末気分を盛り上げてくれるごちそうなどが合います。

品数が多くなるぶん、夕飯こそ各料理の段取りが重要になってきます。詳しいタイムテーブルも用意したので、参考にしてみてください。

～ Point of this chapter ～

**基本は一汁二菜でOK!
調理法が重ならない工夫を**

和食は一汁三菜が基本。とはいえ、野菜をふんだんに使って、しかも調理法を変えて味が重ならないようにすれば一汁二菜でも大満足。

**週中は子供が元気になる
洋食メニューを**

水曜日や木曜日など一週間も半分をすぎるとだんだん気がゆるむのは大人も子供も同じ。そこは子供が大好きな洋食で乗り切ります!

**週末は1週間がんばった
家族や自分へのご褒美を**

金曜や土曜の夜は一週間の疲れを癒して、のんびりできる時間。いつもよりごちそうを用意して、リラックスタイムを楽しんで。

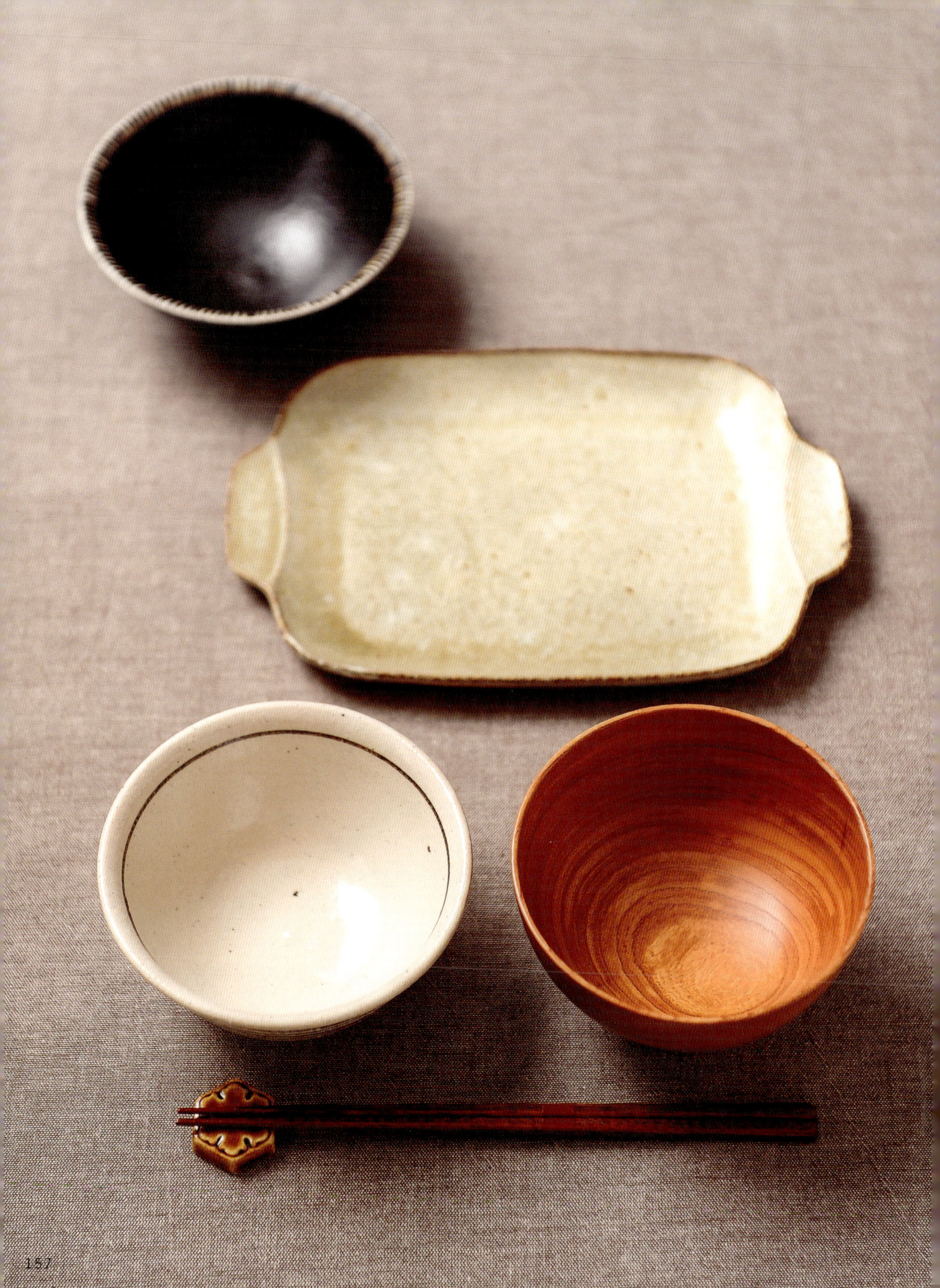

Mondayの晩ごはん

主菜
⏱ 15分 / 119 kcal

かれいの煮付け

和食の魚料理はハードルが高いと思っていませんか。
切り身を使えばお手軽で簡単！ ご飯がすすむ甘辛味に仕上げました。

材料（2人分）

- かれい（切り身）…2切れ
- 長ねぎ…1本
- A
  - しょうが（皮つき）…2片
  - しょうゆ・みりん…各大さじ2

作り方

1. かれいは皮目に十字の切り込みを入れ、熱湯をまわしかけ、臭みを取る。長ねぎは5cm長さに切る。
2. 鍋にAを入れて中火で熱し、沸騰したら、1を加える。落としぶたをし、さらに鍋のふたをして、10分ほど煮る。途中2〜3回、煮汁をかれいにかける。かれいを取り出し、煮汁を焦がさないように煮詰める。
3. かれいとねぎを器に盛り、煮汁をかける。

副菜
和風ピクルス

⏱ 5分 / 19 kcal
漬ける時間は除く

ゆかりのふりかけを使ってパパッとできる即席ピクルスです。
野菜はあるもの、好みのものでOKですが、セロリはぜひ試してみて！

材料（2人分）

- かぶ…1個
- にんじん…¼本
- セロリ…¼本
- きゅうり…⅓本
- 塩…少々
- ゆかり…小さじ1

作り方

1. 野菜を食べやすい大きさに切る。
2. 1をファスナーつきポリ袋に入れ、塩を加えてもみ込む。ゆかりを加えて全体にまぶし、15分ほどおく。

> 週末は食べすぎたり、外食が多かったりで胃も疲れがち。月曜日はバランスのよい和食を

万全の体調をキープしたい週の始まりは、週末に疲れた胃を休ませてくれるような献立にしましょう。一汁三菜のルールにのっとった和食にすると、自然と野菜の分量が増え、栄養のバランスがいいメニューになります。

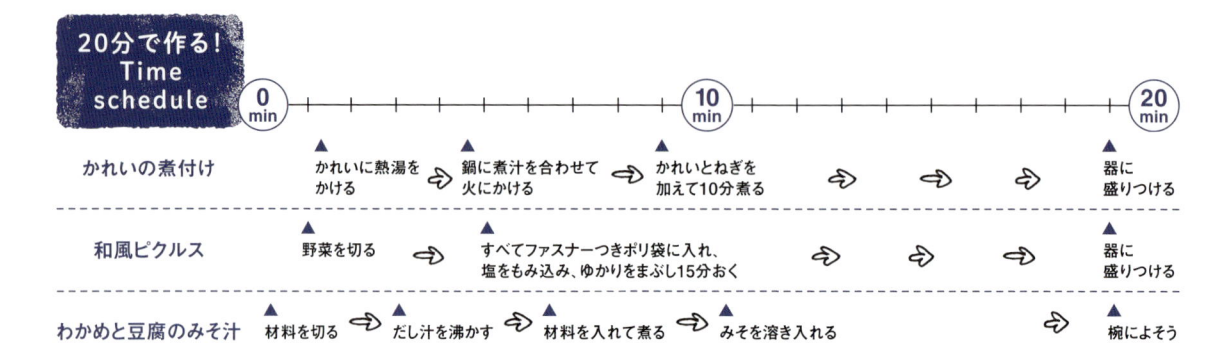

20分で作る! Time schedule

	0 min			10 min				20 min
かれいの煮付け		かれいに熱湯をかける →	鍋に煮汁を合わせて火にかける →	かれいとねぎを加えて10分煮る	→	→	→	器に盛りつける
和風ピクルス		野菜を切る →	すべてファスナーつきポリ袋に入れ、塩をもみ込み、ゆかりをまぶし15分おく		→	→	→	器に盛りつける
わかめと豆腐のみそ汁		材料を切る →	だし汁を沸かす →	材料を入れて煮る →	みそを溶き入れる		→	椀によそう

毎日の晩ごはん献立

― menu ―

主菜 * かれいの煮付け
副菜 * 和風ピクルス
汁物 * わかめと豆腐のみそ汁
主食 * ご飯

Tuesdayの晩ごはん

主菜 ⏱15分 / 378 kcal

鶏肉と野菜の黒酢炒め

黒酢＋はちみつで、おいしさと滋養強壮効果をプラス。
にんにくの風味が食欲を誘います。

:: 材料（2人分）

- 鶏もも肉…1枚
- なす…2本
- ピーマン…1個
- にんにく…1片
- 塩・こしょう…各適量
- 強力粉…少々
- A ┌ 黒酢…大さじ1½
  └ はちみつ…小さじ2
- しょうゆ…大さじ1½
- ごま油…大さじ1

:: 作り方

1 鶏肉はひと口大に切り、塩、こしょうをふり、強力粉を薄くはたく。
2 なすは4か所ピーラーで皮をむき、縦に4〜6等分に切る。ピーマンは種を取り除き、縦に6等分に切る。にんにくは皮をむき、まな板の上において包丁の腹をあて、押しながらつぶす。
3 フライパンにごま油とにんにくを中火で熱し、皮目から鶏肉となすを入れて焼く。途中ひっくり返し、ほぼ火が通ったら、ピーマンを加えてさらに焼く。
4 ピーマンに焼き色がついたら、塩、こしょうで味をととのえ、Aを加えて煮る。ひと煮立ちしたら、しょうゆをまわしかける。

汁物

春雨とあさりのスープ

あさりのうまみがとけ込んだスープです。
春雨のつるんとした喉ごしもごちそうに彩りを添えます。

⏱10分 / 53 kcal

:: 材料（2人分）

- あさり（殻つき：砂抜き済み）…8個
- もやし…½袋
- 長ねぎ（斜め薄切り）…⅓本
- 春雨…10g
- A ┌ 水…400㎖
  │ 酒…大さじ1
  └ 鶏がらスープの素（顆粒）…小さじ2
- 塩・こしょう…各少々
- 三つ葉（食べやすい大きさに切る）…適量
- ごま油…小さじ½

:: 作り方

1 砂抜きしたあさりは殻をこすり合わせるようにして水洗いする。
2 鍋にAを入れて中火にかけ、ひと煮立ちしたら、あさりを加えて煮る。
3 あさりが開いたら、春雨、もやし、長ねぎを加えてさらに煮る。再びひと煮立ちしたら、塩、こしょうで味をととのえる。
4 器によそい、三つ葉を加え、ごま油をたらす。

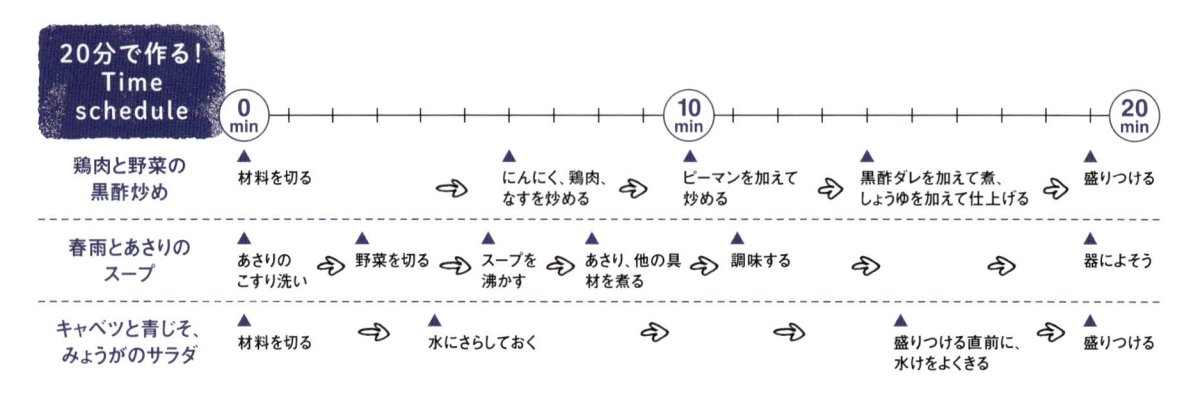

20分で作る！ Time schedule

	0 min		10 min		20 min
鶏肉と野菜の黒酢炒め	材料を切る	→ にんにく、鶏肉、なすを炒める	→ ピーマンを加えて炒める	→ 黒酢ダレを加えて煮、しょうゆを加えて仕上げる	→ 盛りつける
春雨とあさりのスープ	あさりのこすり洗い	→ 野菜を切る → スープを沸かす	→ あさり、他の具材を煮る → 調味する	→	→ 器によそう
キャベツと青じそ、みょうがのサラダ	材料を切る	→ 水にさらしておく	→	→ 盛りつける直前に、水けをよくきる	→ 盛りつける

毎日の晩ごはん献立

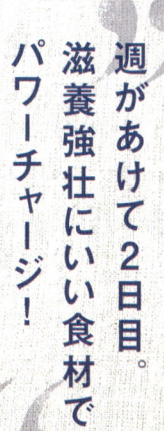

週があけて2日目。滋養強壮にいい食材でパワーチャージ！

火曜日はまだまだ週初め。体に疲れが残らないようにしないと一週間が乗り切れません。疲労回復効果のある黒酢やタウリンを多くふくむあさり、良質のたんぱく質を含む鶏肉、そしてたっぷりの野菜を使ったメニューで、元気パワーを補給して！

― menu ―

主菜＊鶏肉と野菜の黒酢炒め
副菜＊キャベツと青じそ、みょうがのサラダ
汁物＊春雨とあさりのスープ
主食＊雑穀ご飯

Wednesdayの晩ごはん

主食 ミラノ風ドリア

⏱ 20分 / 579 kcal

半熟の卵を崩しながらいただきます。
黄身とミートソース、ホワイトソースがからみ合って贅沢な味に。

∷ 材料（2人分）

卵…2個
ご飯…茶碗2杯分
ブロッコリー…10房
ピザ用チーズ…大さじ2
A ┌ バター…大さじ1
  └ パセリ（みじん切り）…少々
B ┌ ホワイトソース（市販）…大さじ4
  └ ミートソース（P.171参照）…大さじ6

∷ 作り方

1. 温かいご飯にAを加え混ぜる。
2. グラタン皿に1を半量ずつ詰め、Bを上から順にのせる。真ん中にくぼみをつけ、卵を割り入れる。ブロッコリーをのせる。
3. ピザ用チーズをかけ、180℃に予熱したオーブンで10～15分焼く。

主菜 鶏ささ身のピカタ

⏱ 10分 / 220 kcal

カリッと焼いた鶏肉にジューシーなトマトソースをのせて。
口の中でじゅわっとうまみが広がってたまりません！

∷ 材料（2人分）

鶏ささ身…2本
A ┌ 塩…少々
  └ バジル（乾燥）…少々
強力粉…大さじ1
溶き卵…適量
フレッシュトマトのソース（P.128参照）…大さじ4
オリーブオイル…大さじ2
サラダ菜…適量

∷ 作り方

1. 鶏ささ身はひと口大にそぎ切りし、Aをふる。強力粉をはたき、溶き卵にくぐらせる。
2. フライパンにオリーブオイルを中弱火で熱し、1を入れ、両面こんがりするまで焼く。
3. 器にサラダ菜を敷き、2を盛る。フレッシュトマトのソースをかける。

副菜 かぶと生ハムのサラダ

⏱ 5分 / 92 kcal

生ハムのしょっぱさが、かぶのあっさり味とマッチ！
さっぱり感が洋食の箸休めとしてうれしい。

∷ 材料（2人分）

生ハム（食べやすい大きさにちぎる）…4枚
かぶ…2個
かいわれ大根（食べやすい大きさに切る）…½パック
玉ねぎドレッシング（P.100参照）…大さじ2

∷ 作り方

1. かぶはスライサーで薄切りにする。
2. ボウルに1、生ハム、玉ねぎのドレッシングを入れてよく混ぜ、食べる直前にかいわれ大根を混ぜる。

> 週の中日は、見た目も楽しい洋食で乗り切りましょう

中だるみしがちな水曜日。和食や中華もいいけれど、ちょっとここらへんで趣向を変え、気分をアップさせてくれるような、華やかな洋食はいかが。見た目も味を左右する大切な要因だから、彩りよく献立を構成しましょう。

毎日の晩ごはん献立 ★★

— menu —

主食＊ミラノ風ドリア＆
　　　ガーリックトースト
主菜＊鶏ささ身のピカタ
副菜＊かぶと生ハムのサラダ
汁物＊かぼちゃのポタージュ
　　　（作りおき）

20分で作る！ Time schedule

	0 min		10 min		20 min
ミラノ風ドリア	温かいご飯にAを混ぜる	グラタン皿にご飯、B、卵、ブロッコリーをのせる	チーズをかけてオーブン加熱		焼き上がり
ガーリックトースト	にんにくのみじん切りとバターを混ぜる		バゲットの表面に塗る	トースターで焼く	盛りつける
鶏ささ身のピカタ	材料を切る			衣をつけて、熱したオリーブオイルで焼く	盛りつける
かぶと生ハムのサラダ	かぶをスライサーで薄切り	生ハムとドレッシングであえる		かいわれ大根を混ぜる	盛りつける
かぼちゃのポタージュ（P.115参照）			鍋に入れて温める	器によそう	

163

Thursdayの晩ごはん

主菜 ⏱20分 729 kcal
冬瓜と豚バラの和風カレー

だし汁を使って食べやすい和風カレーに。
とろけるような冬瓜のおいしさはやみつきになるはず。

> 作る方も食べる方も、ちょっと疲れた木曜日はピリッとカレー

:: 材料（2人分）

- 雑穀ご飯…茶碗2杯分
- 豚バラ肉（しゃぶしゃぶ用）…150g
- 冬瓜…⅛個
- 長ねぎ（薄切り）…1本分
- だし汁…300㎖
- カレールウ…2片（2人前）
- しょうゆ…大さじ½
- 黒七味…少々

:: 作り方

1. 冬瓜は皮を薄くむき、ひと口大に切る。
2. フッ素樹脂加工の鍋を中火で熱し、豚肉を入れて炒める。脂が出てきたら、長ねぎを加えて炒める。長ねぎがしんなりしたら、冬瓜を加えて炒める。
3. 全体に脂がまわったら、だし汁を加え、冬瓜がやわらかくなるまで煮る。カレールウを加え、火を止める直前にしょうゆをまわしかける。
4. 器にご飯を盛り、3をかけ黒七味をふる。

徐々に疲労がたまってくる週半ば。あと一日、されど一日、まだ残っている木曜日。のりきりために、気持ちを引き締め直してくれるようなカレーにしましょう。スパイスのきいたピリッとした辛さで、身も心もリフレッシュして。

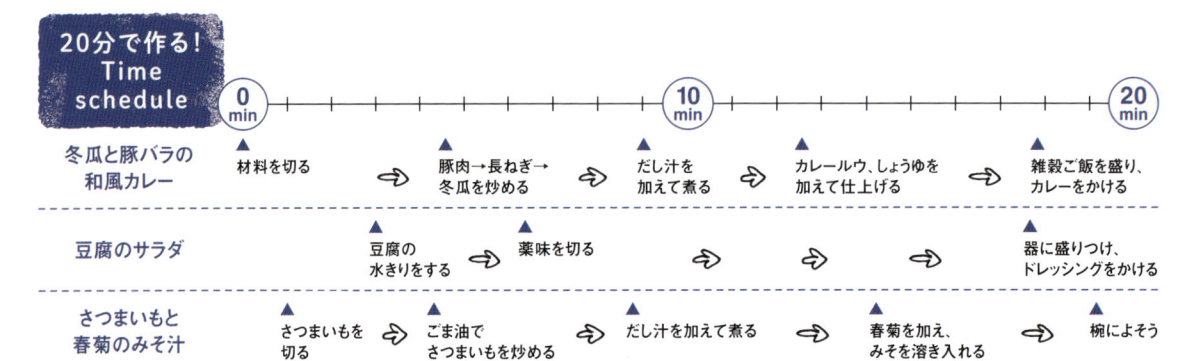

汁物 さつまいもと春菊のみそ汁

カレーにいも類を使っていないので、みそ汁に入れて。
さつまいもの甘みと春菊のほろにがさの組み合わせが絶妙です。

⏱15分 162 kcal

:: 材料（2人分）

- さつまいも…½本
- 春菊…2株分
- だし汁…400㎖
- A ┃ みそ…大さじ1½〜2
  ┃ 白すりごま…大さじ1
- ごま油…小さじ½

:: 作り方

1. さつまいもはひと口大に切り、5分ほど水につける。春菊は食べやすい大きさに切る。
2. 鍋にごま油を中火で熱し、さつまいもを入れて炒める。油がまわったら、だし汁を加え、やわらかくなるまで煮る。
3. 春菊を加え、ひと煮立ちしたら、Aを加える。

20分で作る！ Time schedule

	0 min			10 min			20 min
冬瓜と豚バラの和風カレー	材料を切る	→	豚肉→長ねぎ→冬瓜を炒める	→	だし汁を加えて煮る	→	カレールウ、しょうゆを加えて仕上げる	→	雑穀ご飯を盛り、カレーをかける
豆腐のサラダ			豆腐の水きりをする	→	薬味を切る	→	→	→	器に盛りつけ、ドレッシングをかける
さつまいもと春菊のみそ汁			さつまいもを切る	→	ごま油でさつまいもを炒める	→	だし汁を加えて煮る	→	春菊を加え、みそを溶き入れる	→	椀によそう

毎日の晩ごはん献立 ★★

― menu ―
主菜＊冬瓜と豚バラの和風カレー
副菜＊豆腐のサラダ
汁物＊さつまいもと春菊のみそ汁
主食＊雑穀ご飯

Fridayの晩ごはん

主菜　ガーリックステーキ

⏱ 20分 / 695 kcal

牛肉ステーキは豪華でありながら調理時間が短いのが魅力。
切り分けてサーブすれば、フォークだけで食べられてリラックスできます。

材料（2人分）

- 牛肉（ステーキ用）…2枚
- にんにく（横半分に切る）…1個分
- A ┌ しょうゆ…大さじ2
　 └ 酒…大さじ1
- B ┌ 玉ねぎ（すりおろし）…大さじ1
　 └ バター…大さじ2
- 塩・こしょう…各適量
- オリーブオイル…大さじ1
- クレソン…適量

作り方

1. 牛肉は塩、こしょうをふって手でなじませ、電子レンジで10秒加熱して室温に戻す。
2. フライパンにオリーブオイルを中強火で熱し、にんにくを切った面から入れてこんがり焼く。香りが出たら、1を入れ、両面に焼き色がつくまで焼く。
3. Aを加えて火を止め、ふたをして5分おく。
4. 牛肉を取り出し、斜めにスライスする。フライパンにBを加え、煮詰める。
5. 器に4の牛肉を盛り、煮汁をかける。クレソンを添える。

> 明日はお休み！ワインを開けてゆっくりごはん
>
> 明日は待ちに待った土曜日。休日前だから、いつもより夕食は時間をかけてゆっくり楽しめますね。そこで、思いっきり豪華に牛肉のステーキをメインに。といっても、おうちごはんだから、ワンプレートに盛ってカジュアルに楽しんで。

副菜　かぶとミニトマトのロースト

⏱ 15分 / 38 kcal

かぶとミニトマトをグリルで焼いてこんがりと。
じんわりとしたおいしさはステーキによく似合います。

材料（2人分）

- かぶ（大）…1個
- ミニトマト…4個
- A ┌ オリーブオイル…小さじ1
　 ├ 塩…小さじ½
　 └ ドライハーブ（好みのもの）…少々

作り方

1. かぶは皮をむき、2cmくらい茎を残したまま縦半分に切る。
2. ボウルに1、ミニトマト、Aを入れてよく混ぜる。
3. グリルにかぶとミニトマトを並べ、焦げ目がつくまで焼く。
4. 器に盛り、2で残った汁をかける。

20分で作る！ Time schedule

	0 min			10 min			20 min
ガーリックステーキ	牛肉に下味をつけ、電子レンジで10秒加熱 →	にんにくをこんがり焼いて、香りを出す →	肉を両面焼く →	Aを加えて火を止める →	Bを加えてソースを作る →		器に盛りつける
かぶとミニトマトのロースト	野菜を切る →	野菜とAを混ぜておく →	グリルで野菜を焼く →	→	盛りつける		
わかめとねぎのスープ	材料を切る →	スープを沸かす →	材料を入れて煮る →	調味する →			カップによそう

毎日の晩ごはん献立

― menu ―
主菜＊ガーリックステーキ
副菜＊かぶとミニトマトのロースト
汁物＊わかめとねぎのスープ
主食＊バゲット

3STEPで作る レンジのラクうまおかず

電子レンジ調理は、火加減の調整いらずで、そばで見守る必要ないからお手軽。そんなレンジ調理だけで、しかも3ステップでできるレシピを集めてみました!

なすと豚バラのさっぱり煮

野菜も肉もチンして簡単! 一人ランチのメインにもちょっとテーブルがさみしいときのサブおかずにも。

材料(2人分)
- 豚バラ肉(しゃぶしゃぶ用)…60g
- なす…2本
- A[酒・しょうゆ・みりん…各大さじ1]
- 万能ねぎ(斜め薄切り)
- 白いりごま…各適量

15分 / 172 kcal

作り方

STEP 1
なすは皮をむき、爪ようじで数か所穴をあける。耐熱皿に並べ、ふんわりとラップをかけ、電子レンジで3分加熱する。なすを裏返し、さらに電子レンジで3分加熱する。粗熱がとれたら、4つに裂く。

STEP 2
耐熱ボウルに豚肉、Aを入れ、ふんわりとラップをかけ、電子レンジで2分加熱する。

STEP 3
器になすを盛り、豚肉をのせ、万能ねぎ、白いりごまを散らす。

かぼちゃとさつまいものサラダ

甘いかぼちゃとさつまいもとレーズンの組み合わせに玉ねぎのアクセント。女性が好きなクリーミーな味です。

20分 / 474 kcal

材料(2人分)
- かぼちゃ…1/8個
- さつまいも(小)…1本
- 玉ねぎ(薄切り)…1/4個分
- レーズン…大さじ1
- A[クリームチーズ…30g / マヨネーズ…大さじ2]
- 塩・こしょう…各適量

作り方

STEP 1
かぼちゃとさつまいもは皮をよく洗ってひと口大に切る。さつまいもは10分ほど水にさらし、水けをきる。

STEP 2
耐熱ボウルにかぼちゃ、さつまいも、レーズン、玉ねぎの順に重ね、ふんわりとラップをかけ、電子レンジで5分加熱し、そのままレンジの中で1分おく。

STEP 3
全体がやわらかくなったら、Aを混ぜ合わせ、塩、こしょうで味をととのえる。

ひき肉と白菜の中華風ミルフィーユ

大皿料理も電子レンジにどんとお任せ！
見た目も美しく仕上がるのはレンジ調理ならでは。

25分
263 kcal

::材料 (直径20cm耐熱ボウル1個分 4人分)

白菜…8枚

A
- 豚ひき肉…200g
- 長ねぎ(みじん切り)・しょうが(みじん切り)…各1片分
- 片栗粉・酒…各大さじ1
- しょうゆ…大さじ½
- ごま油・鶏がらスープの素(顆粒)…各小さじ1

B
- トマトケチャップ…大さじ2
- しょうゆ…大さじ½
- ごま油…小さじ½
- 水溶き片栗粉(片栗粉小さじ2を水大さじ1で溶く)

::作り方

STEP 1
白菜は葉と芯に分け、芯だけ耐熱容器に入れ、ふんわりとラップし、電子レンジで2分加熱する。Aは混ぜ合わせておく。それぞれ4等分にしておく。

STEP 2
耐熱ボウルに白菜の葉を敷き、A、白菜の芯、Aの順で4回繰り返し重ね、最後は葉を重ねる。ふんわりとラップをかけ、電子レンジで10分加熱し、そのまま5分おく。

STEP 3
耐熱ボウルから、ミルフィーユを慎重に皿に取り出す。ボウルに残った煮汁にBを加えてよく混ぜ合わせ、電子レンジでとろみがつくまで1分〜1分30秒加熱し、かける。

あんかけ中華そば

あんがかかった本格焼きそばだってできちゃうんです。
お好みで酢と練りからしといっしょに召し上がれ！

20分
536 kcal

::材料 (2人分)

豚こま切れ肉…60g

A
- えび(下処理済み)…6尾
- キャベツ(ざく切り)…2枚分
- にんじん(いちょう切り)…¼本分
- ピーマン(乱切り)…1個分
- 長ねぎ(斜め切り)…½本分
- 酒…大さじ1
- しょうゆ…大さじ½
- 鶏がらスープの素(顆粒)…小さじ2

水溶き片栗粉(片栗粉小さじ1を水大さじ½で溶く)

蒸し中華麺…2人分

B
- ごま油…小さじ1
- 塩・こしょう…各適量

::作り方

STEP 1
耐熱ボウルにAの材料を入れ、よく混ぜる。

STEP 2
STEP1のボウルに豚肉をのせ、ふんわりとラップをかけ、電子レンジで5分加熱する。完全に豚肉に火を通したら、水溶き片栗粉を加えてよく混ぜ、さらに電子レンジで1分加熱する。

STEP 3
蒸し中華麺にBをよく混ぜる。耐熱皿に平たく伸ばし、電子レンジで3分加熱する。STEP2の具をかける。

レンジで簡単サルシッチャ

サルシッチャとはイタリア風のソーセージのこと。口に入れたとたんジューシーな肉汁が広がります。

20分
669 kcal

材料（2人分）

- 豚バラ薄切り肉…300g
- A
  - 玉ねぎ…¼個
  - 塩・こしょう…各適量
  - 砂糖…小さじ½
  - 生クリーム…大さじ2
  - ドライハーブ（好みのもの）…小さじ½
  - にんにく（すりおろし）…2片分
- ザワークラウト*・粒マスタード・クレソン…各適量

*ザワークラウトの作り方

耐熱ボウルにキャベツ（せん切り）300g、コンソメスープの素（顆粒）小さじ½、塩小さじ⅔、黒こしょう少々を入れて混ぜる。ふんわりとラップをかけ、電子レンジで3分加熱する。レモン汁½個分を加えて混ぜ、冷ます。

作り方

STEP 1
豚肉は2cm幅に切り、Aとともにフードプロセッサーに入れ、撹拌する。ファスナーつきポリ袋に入れ、手でよくもむ。

STEP 2
STEP1のポリ袋の端を切り、中身をラップに絞り出す。両脇と真ん中をねじり、さらにラップでくるむ。

STEP 3
耐熱皿に並べ、上からふんわりとラップをかけ、電子レンジで4分20秒加熱し、そのまま粗熱をとる。皿にサルシッチャを盛り、ザワークラウト、粒マスタード、クレソンを添える。

鶏のオレンジ煮

オレンジジュースで煮込むところをマーマレードを使って時短。ふんわりさわやかな香りもすてき。

10分
347 kcal

材料（2人分）

- 鶏もも肉…1枚
- にんにく…2片
- 塩・こしょう…各適量
- 片栗粉…大さじ½
- A
  - マーマレード…50g
  - しょうゆ…大さじ2

作り方

STEP 1
鶏肉はひと口大に切り、塩、こしょうをふってしっかりなじませ、片栗粉を薄くまぶす。にんにくは皮をむき、まな板の上において包丁の腹をあて、押しながらつぶし、4つ切りにする。

STEP 2
耐熱ボウルにAを入れて混ぜ合わせ、鶏肉、にんにくを加え、ふんわりとラップをし、電子レンジで2分加熱する。取り出して鶏肉を裏返し、さらに電子レンジで2分加熱する。

STEP 3
皿に鶏肉を盛り、STEP2のボウルに残ったソースをかける。
*ソースが水っぽいときは、ソースだけラップをせずさらにレンジで1分ずつ様子を見ながら加熱する。

簡単ミートソース

加熱途中で一度混ぜ合わせることで火の通りを均一に。マスターすれば、ドリアなど活用範囲が広いソースです。

⏱ 20分
350 kcal
*パスタを除く

:: 材料（2人分）

- 合いびき肉…200g
- 玉ねぎ（みじん切り）…¼個分
- にんじん（みじん切り）…½本分
- セロリ（みじん切り）…¼本分
- トマト缶（ダイス）…1缶（400g）
- トマトケチャップ…大さじ3
- 赤ワイン…大さじ2
- ウスターソース…大さじ1
- コンソメスープの素（顆粒）…小さじ2

:: 作り方

STEP 1
深めの大きい耐熱ボウルにすべての材料を入れ、よく混ぜる。

STEP 2
ラップをしないで電子レンジで8分加熱する。

STEP 3
一度取り出し、よく混ぜ、再び電子レンジで8分加熱する。水分が残っているようならさらに電子レンジで様子を見ながら1分ずつ加熱する。塩、こしょう（分量外）で味をととのえる。

たらとほうれん草のホワイトシチュー

シチューだって煮込まないからスピード調理。おもてなしに出してもほめられる一品です。

⏱ 15分
344 kcal

:: 材料（2人分）

- たら（切り身）…2切れ
- ほうれん草（ざく切り）…½束分
- 長ねぎ（斜め切り）…½本分
- 塩・こしょう…各適量
- 片栗粉…大さじ½
- 白ワイン…大さじ1
- A ┌ 牛乳…100mℓ
    └ ホワイトソース（市販）…大さじ6

:: 作り方

STEP 1
たらは塩をふり、ペーパータオルなどで水けをふき取り、薄く片栗粉をまぶす。

STEP 2
耐熱ボウルに長ねぎを敷き、たらをのせ、白ワインをかける。ふんわりとラップをかけ、電子レンジで1分30秒加熱する。取り出してたらを裏返し、さらに電子レンジで1分加熱する。

STEP 3
たらを取り出したボウルにA、ほうれん草を加え、ふんわりとラップをかけ、電子レンジで3分加熱してシチューを作る。皿にたらを盛り、シチューをかける。

column

本当に便利！
上島先生 おすすめ！
Foods & goods ❼

ル・クルーゼの シリコン・ピンチボウル＆ソロブレンダー

お気に入りのキッチンツールがあると、毎日のごはん作りもやる気になりますよね。私にとってそんな存在になっている、コンパクトだけどとっても便利なキッチンツールを紹介しましょう。

ル・クルーゼのシリコン・ピンチボウルがそのひとつ。調味料を量って料理に注ぐ際、柔らかいのでクニュッと押して片口のような形にできるのがとても使いやすいのです。カラフルな色合いもかわいらしく、キッチンにおいてあると気分をアップさせてくれるところも◎。

もうひとつがレコルトのソロブレンダー。一人用のミキサーなので、出しっぱなしでも場所をとらず、片づけも楽ちん！ スムージーはもちろん、お料理のソース、お菓子作りにも使えます。

ソロブレンダーは、350mlサイズ。ボトルがタンブラーになっていて、作ってそのまま飲むことも。

シリコン・ピンチボウルは目にも鮮やかな4個セット。日本未発売ですが、ネットショップなどで購入可能。

172

PART 7

ちょっとがんばる
ごちそう&

カンタン
おつまみレシピ

お客さまをお招きしたときや
家族の記念日などは
ちょっとだけがんばって、ふさわしいごちそうを。
おつまみやデザートもつけて、コースにしても。

INDEX

・ちょっとがんばるごちそうおかず…176
・パパッと作れる家呑みおつまみ…186

大切な人が来る日は
ちょっとがんばって
ごちそうやおつまみ作りを。

お客さまが来る日。おもてなしの気持ちを込めて、おいしい料理を用意したいですよね。「パーティ料理には自信がない」「時間がなくて無理」なんて尻込みしないで。特別なテクがなくても時間や手間をかけなくても、お客さまを迎えるのにふさわしいごちそうやおつまみは作れます。

盛りあげてくれるような、華やかな大皿料理だったら一品でもじゅうぶん。また、よその国の珍しいレシピや高級食材を使った料理も、豪華になるのでおすすめです。きっとレシピをきかれて、おしゃべりが弾むことになるでしょう。

また、おつまみもふだんよりよそゆきのものを。彩りを考えた食材選びで、ぐっとおしゃれになりますよ。何もずらりと何品もそろえる必要はありません。存在自体が気持ちを

～ Point of this chapter ～

**高級食材を使って
ごちそう感を出して**

えびやムール貝、かたまり肉など、ふだんの料理には登場しないような食材をこのときばかりは奮発。それだけで気分がアップします。

**おもてなしは大皿を
一品がんばりましょう**

掃除をしたり花を飾ったり。お客さまが来る日は料理以外にもすることがたくさん。一品でも盛り上がる大皿料理でおもてなしを。

**いつもとは違う
彩り鮮やかな盛りつけを**

盛りつけはほんのちょっとの工夫で大きな違いが出るところ。皿をテーブルにサーブしたとたん、「わあ！」という歓声があがりますよ。

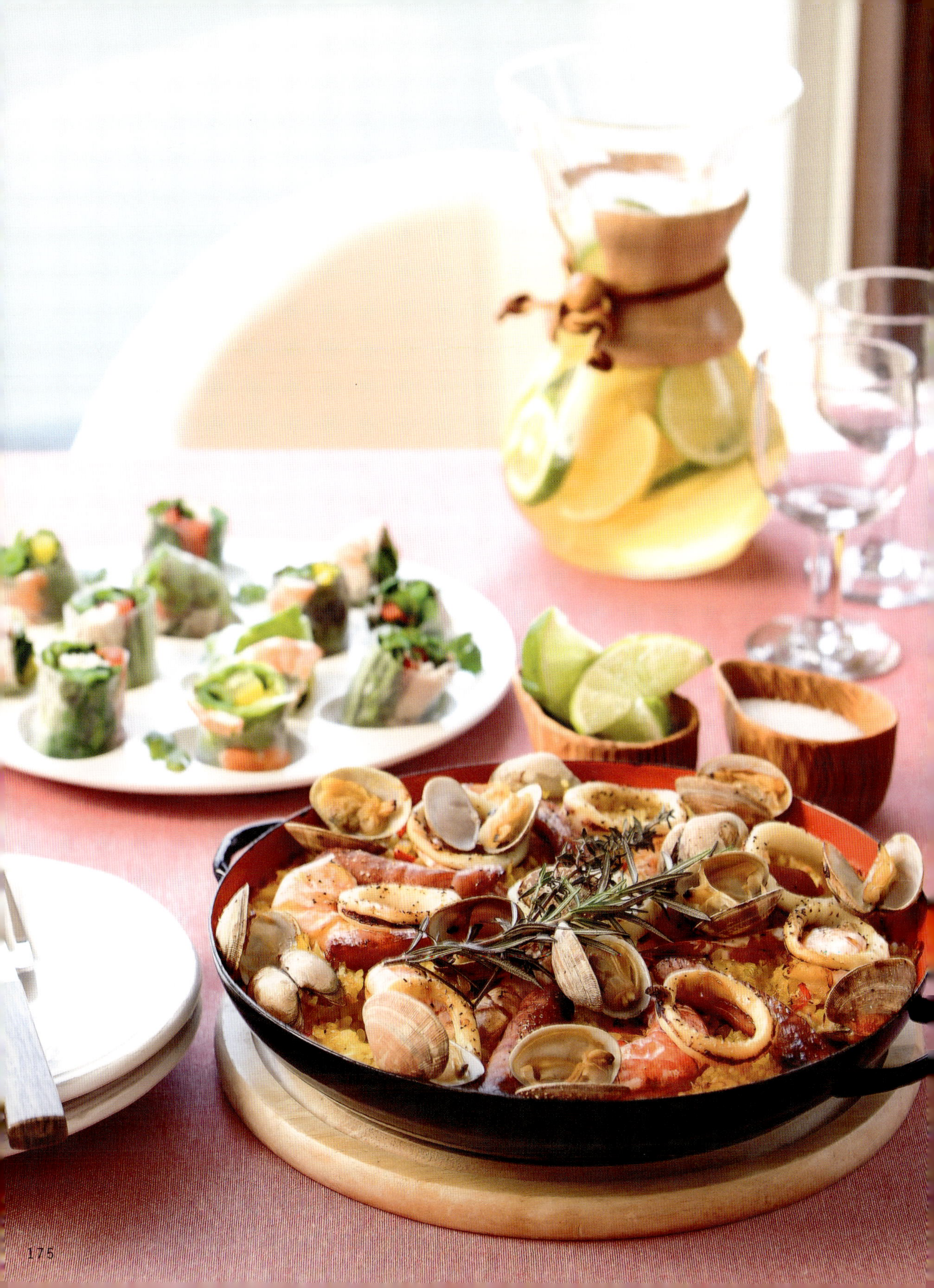

チキンとかぼちゃ、ズッキーニのごちそうサラダ

材料を切って下味をつけたらあとはオーブンにおまかせ。
ワザをきかせたバルサミコ酢がごちそう感をアップさせ豪華な印象にしてくれます。

ちょっとがんばる ごちそうおかず

Salad

:: 材料（4人分）

鶏もも肉…400g
かぼちゃ…¼個
ズッキーニ…2本
A ┌ にんにく（みじん切り）…1片分
  │ オリーブオイル…大さじ2
  └ 塩・こしょう…各適量
バルサミコ酢…適量
ピンクペッパー…適量

:: 作り方

1 鶏肉はひと口大、かぼちゃ、ズッキーニは1.5cm幅に切り、Aをまぶし、よくもみ込む。[a]
2 オーブン皿にクッキングシートを敷き、1を重ならないように並べ、180℃に予熱したオーブンで火が通ってこんがりとするまで15〜20分焼く。
3 皿に盛り、バルサミコ酢をまわしかけ、ピンクペッパーを散らす。

point
下味をつけるのに、ポリ袋に入れてもみ込むと手も汚れず、味もよくしみ込む。

memo

バルサミコ酢は高ければ高いほど濃厚で甘みもあっておいしいのですが、安いバルサミコ酢を高級品のような味にする裏ワザがあります。保存用の瓶に種ありのプルーンとともに冷蔵庫で1週間。プルーンの甘さが移ったバルサミコ酢は、豪華なグリルサラダにピッタリのおいしさ！

30分
337 kcal

ごちそう＆おつまみレシピ

30分
206 kcal

35分
193 kcal

春野菜の生春巻き2種

彩りゆたかな春野菜を使いました。
中身が透けて見えるから、食卓をカラフルにしてくれます。

材料（4人分）

生春巻きの皮…10枚

A
- 豚肉（しゃぶしゃぶ用）…5枚
- パプリカ（黄・細切り）…½個分
- 菜の花…5本
- 青じそ…5枚
- グリーンリーフ（食べやすくちぎる）…2 ½枚分

B
- えび…10尾
- パプリカ（赤・細切り）…½個分
- スナップエンドウ…10房
- グリーンリーフ…5枚
- バジル…5枚

ソース

スイートチリソース…50㎖

C
- レモン汁…½個分
- ナンプラー…小さじ1

香菜…適量

作り方

1 Aの豚肉は熱湯にサッとくぐらせ、氷水にとり、水けをきる。菜の花はゆでて水けをきる。 a

2 Bのえびは殻と背ワタを取り除き、ゆでて水けをきる。スナップエンドウはゆでて水けをきる。

3 生春巻きの皮は水で戻す。AとBをそれぞれ5等分し、生春巻きの皮に具材を並べ、端から巻く。

4 3を4等分に切る。香菜といっしょに盛りつけ、スイートチリソースと合わせたCを添える。

a
point
野菜は何でもOK。セロリやにんじん、アスパラガスも◎。

スタミナサラダ

ステーキ肉を使ったゴージャスかつヘルシーな一皿。
にんにくの入ったドレッシングが肉にもレタスにもぴったり。

材料（4人分）

牛ステーキ肉…200g
レタス（食べやすい大きさにちぎる）…½個分
ベビーリーフ…1パック
塩・こしょう（クレージーソルトでも可）…各適量
酒…大さじ1

A
- 酒…大さじ1
- しょうゆ…大さじ1
- にんにく（薄切り）…2片分

ごま油…少々
白いりごま…少々

memo
ステーキ肉を焼くときに出たジューシーな肉汁はもちろん捨てずに利用。うまみが溶け出していてとてもおいしいソースになります。

作り方

1 レタス、ベビーリーフは洗って水けをきり、冷蔵庫で冷やす。

2 牛肉は塩、こしょうをしっかりふり、室温で15分ほどおく。

3 フライパンにごま油を強火で熱し、2を入れて焼く。焼き色がついたらひっくり返し、酒をふりかけ、ふたをして火を止めて10分ほどおく。斜めに薄く、そぎ切りにする。

4 3のフライパンの肉汁に、Aを加えて煮詰める。

5 器に1を敷き、3を盛り、4をかけ、白いりごまを散らす。

中華風豚の角煮 さつまいものマッシュ添え

30分 953 kcal

ちょっとがんばる ごちそうおかず

八角のスパイシーな香りが特別感を演出。
甘いさつまいものマッシュが、とろけるような角煮に驚くほどよく合います。

材料（4人分）

豚バラ肉（かたまり／8等分に切る）
　…800g
ペコロス…8個
A ┌ しょうが（薄切り）…1片分
　└ 酒…100ml
B ┌ 八角…1個
　│ しょうゆ…大さじ3
　└ 酒・はちみつ…各大さじ2

＊さつまいものマッシュ＊
さつまいも…1本
C ┌ 花椒塩（ホワジョウエン）…少々
　│ みりん…大さじ2
　│ 塩・白ごま油…各小さじ1/2
　└ 熱湯…適量

作り方

1. 圧力鍋に豚肉、A、ひたひたの水を入れて**強火**にかけ、5分加圧する。圧が下がったら肉を取り出し、ゆで汁を捨てる。圧力鍋に肉を戻し、Bを加えて**強火**にかけ、1分加圧する。そのまま自然に圧力を抜く（または、鍋に同じ材料を入れて**強火**にかけ、ひと煮立ちしたら、**弱火**にしてふたをし、1時間ほど煮る）。 a

2. ふたを取り、ペコロスを加え、**中火**で煮汁がなくなるまで15～20分ほど煮る。ときどき煮汁をかける。

3. さつまいものマッシュを作る。さつまいもは適当な大きさに切り、水に10分ほど漬けてアク抜きをする。耐熱容器に入れ、ふんわりとラップをかけ、すっと竹串が通る柔らかさになるまで電子レンジで3～5分加熱する。

4. フードプロセッサーに3とCを入れ、なめらかになるまで攪拌（かくはん）する。

5. 器に4を盛り、2の豚肉とペコロスをのせる。

point
圧力鍋の場合、まず下ゆでしてアクが出た煮汁を捨ててから、調味料を入れて再度加圧。

ごちそう&おつまみレシピ

⏱ 30分 304 kcal

⏱ 45分 272 kcal

チキンソテー バルサミコしょうゆ風味

バルサミコ酢にバターしょうゆを合わせて濃厚なソースに。
いつものチキンソテーがレストラン風に仕上がります。

∷ 材料（4人分）

鶏もも肉…2枚
塩・こしょう…各少々
A ┏ しょうゆ…大さじ3
　┃ バルサミコ酢・バター
　┗　　…各大さじ2
クレソン（ざく切り）
　…2束分

∷ 作り方

1 鶏肉に塩、こしょうをふり、15分おく。フッ素樹脂加工のフライパンを中火で熱し、鶏肉を皮目から入れて、両面こんがりとなるまで焼く。
2 鶏肉を取り出し、熱いうちにアルミホイルで包み、5分ほどおく。食べやすい大きさに切る。
3 1のフライパンにAを入れて煮詰める。
4 器に2を盛り、クレソンをのせ、3をまわしかける。

> memo
> バルサミコ酢はP.176を参照してプルーンを漬け込んで。ひと手間でぐんとおいしく。

韓国風牛のたたき

ポリ袋に入れて煮るから、肉のうまみを逃がしません。
サンチュに肉と薬味を巻いて召し上がれ！

∷ 材料（4人分）

牛もも肉（かたまり）…400g
塩・こしょう…各適量
酒…大さじ1
＊タレ＊
┏ にんにく（みじん切り）
┃　…½片分
┃ 長ねぎ（小口切り）
┃　…大さじ2
┃ 肉の煮汁・しょうゆ
┃　…各大さじ3
┃ 酢・白すりごま
┃　…各大さじ1
┃ 砂糖・ごま油
┃　…各大さじ½
┗ 韓国唐辛子…小さじ1
ごま油…大さじ1
サンチュ（食べやすい大きさに切る）…適量
みょうが（斜め薄切り）…2本分
かいわれ大根（根元を切る）
　…½パック
青じそ…12枚

∷ 作り方

1 室温に戻した牛肉に、塩、こしょうをふり、15分ほどおく。
2 フライパンにごま油を強火で熱し、1を入れ、手早く全面に焼き色をつける。
3 熱いうちにラップで2重に包み、耐熱のファスナーつきポリ袋に入れ、空気を抜く。
4 鍋に湯を沸かし、3を入れて2分ほど加熱して火を止め、そのまま15分おく。冷めたらポリ袋から出してラップを取り、薄く切る。
5 タレの材料をよく混ぜ合わせる。器に4を盛り、サンチュ、みょうが、かいわれ大根、青じそ、タレを添える。

2種類のソースでいただく
しゃぶしゃぶ

しゃぶしゃぶはそれだけでごちそうだけど、
野菜の切り方を工夫したり、タレにバリエをつけたりするとさらに豪華に。

20分
291 kcal

ちょっとがんばる
ごちそう
おかず

:: 材料（4人分）

牛肉（しゃぶしゃぶ用）…400g
季節の野菜（豆苗、大根、にんじん、
白菜、水菜、えのきだけ、長ねぎなど）
　…適量
＊スープ＊
　しょうが・長ねぎ（切れ端）…各適量
　水…600ml
　酒…300ml
　鶏がらスープの素（顆粒）
　　…大さじ1 ½
エスニックダレ（P.122参照）・
中華辛味ダレ（P.123参照）各適量

:: 作り方

1 野菜はすべて、えのきだけぐらいの細さになるよう、せん切りにする。
2 鍋にスープの材料を入れて中火にかける。ひと煮立ちしたら、ねぎとしょうがを取り出す。
3 肉や野菜を鍋にくぐらせ、好みのタレをつけて食べる。

memo
せん切りはP47のように、スライサーを使うとあっという間。

hot-pot dish

180

ごちそう&おつまみレシピ

30分 146 kcal
漬ける時間は除く

40分 291 kcal

すずきのアクアパッツア

魚介類とトマト、オリーブオイルなどと煮込んだイタリア料理。
鍋ひとつでできるから、気軽に作っておしゃれなおもてなしに。

:: 材料（4人分）

すずき（切り身）…4切れ
あさり（殻つき・砂抜き済み）
　…10個
ミニトマト…10個
A[
　にんにく…1片
　タイム…2枝
　オリーブオイル
　　…大さじ2
　塩・こしょう…各適量
]
にんにく（薄切り）…2片分
白ワイン…100㎖
塩・こしょう…各適量
オリーブオイル…大さじ1
イタリアンパセリ…適量

:: 作り方

1 すずきはこしょうをふる。ファスナーつきポリ袋にすずき、Aを入れ、一晩漬ける。
2 すずきを取り出してペーパータオルなどで水けをふき取り、塩をふる。
3 フライパンにオリーブオイルを中火で熱し、2、にんにく、1のタイムを入れて焼く。すずきの両面に軽く焦げ目がついたら、あさり、ミニトマト、白ワインを加え、中火で煮る。あさりの口が開いたら、塩、こしょうで味をととのえる。イタリアンパセリを添える。

memo
すずきの他に、たらや鯛などの白身魚でもおいしくできます。

ロール白菜のブイヤベース

ひき肉ではなくたらとベーコンを白菜で巻きました。
魚のうまみが溶け込んだトマト仕立てのスープもぜひ味わって。

:: 材料（4人分）

生たら（切り身）…4切れ
ベーコン（半分に切る）
　…4枚分
白菜（葉の部分・大きめ）
　…8枚分
トマト…2個
セロリ…½本
にんにく…1片
ハーブソルト…少々
A[
　水…400㎖
　トマト缶（ダイス）
　　…1缶（400g）
　白ワイン…大さじ2
　コンソメスープの素
　　（顆粒）…小さじ2
]
塩・こしょう…各適量
ローズマリー…適量

:: 作り方

1 白菜は水にサッとくぐらせ、ラップで包み、電子レンジで3分加熱する。生たらは半分に切り、熱湯をまわしかけて、臭みを取る。
2 フードプロセッサーにトマト、セロリ、にんにくを入れ、細かくなるまで撹拌する。
3 白菜に半分に切ったベーコンを1枚縦におき、半分に切った生たらを上におき、ハーブソルトをふる。下から巻き、途中で白菜の左右を中央に折り、巻きあげる。
4 鍋に巻き終わりを下にして3を並べ、A、2を加え、落としぶたをして弱中火にかけ、30分ほど煮込む。塩、こしょうで味をととのえる。ローズマリーを添える。

> ちょっとがんばる
> **ごちそう おかず**

memo
オーブン対応の鍋を使えば、鍋ごとオーブンに入れられて便利。

⏱ 60分
612 kcal

カスレ風豆の煮込み

肉と豆を煮込んで最後に焼き色をつける、フランス南西部の郷土料理をアレンジ。
鍋ごとテーブルにサーブすれば、さらに特別感がアップしますよ。

point
細かめのパン粉がポイント。カリッとした食感に。

∷ 材料（4人分）

- 鶏手羽元‥300g
- ベーコン（かたまり　食べやすい大きさに切る）‥100g
- ソーセージ（粗びき）‥4本
- A
  - 玉ねぎ（粗みじん切り）‥1個分
  - セロリ（粗みじん切り）‥1本分
  - にんじん（粗みじん切り）‥½本分
  - パプリカ（黄・粗みじん切り）‥½個分
  - にんにく（粗みじん切り）‥3片分
- ミックスビーンズ‥300g
- B
  - 水‥600mℓ
  - 白ワイン‥50mℓ
  - トマト缶（ホール）‥1缶
  - コンソメスープの素（顆粒）‥小さじ2
  - ローリエ‥1枚
- 塩・こしょう‥各少々
- パン粉（細かめ）‥¼カップ（40g）
- ローズマリー‥2本
- オリーブオイル‥大さじ1

∷ 作り方

1. オーブン対応の鍋にオリーブオイルを中火で熱し、手羽元を入れて焼く。焼き色がついたら、Aを加えて炒める。野菜がしんなりしたら、ミックスビーンズを加えて再び炒める。
2. 1にベーコン、Bを加えて弱中火にし、30分ほど煮込む。塩、こしょうで軽く味をととのえる。ソーセージを加え、さらに5分ほど煮込む。
3. パン粉を全体にかぶせ、ローズマリーをのせ、ふたをせずに180℃のオーブンで10〜15分焼く。

ごちそう&おつまみレシピ

60分
202 kcal

20分
239 kcal

サムゲタン

本来朝鮮にんじんを使うところをごぼうにして手軽に。
甘栗やナツメ、クコの実がごちそう気分を盛り上げます。

:: 材料（4人分）

鶏手羽元…6本
ごぼう…½本
A ┬ 水…600ml
　├ 酒…大さじ2
　└ 塩…小さじ2
B ┬ 長ねぎ（長さ3cmに切る）…2本分
　├ しょうが（みじん切り）…2片分
　├ にんにく（みじん切り）…3片分
　├ もち米（サッと洗う）…大さじ3
　├ 甘栗（むいたもの／市販）…8個
　├ ナツメ（乾燥）…4個
　└ クコの実…大さじ1
塩…適量
ごま油…小さじ1

:: 作り方

1 ごぼうは水に10分ほど漬けてアクを抜き、3cm長さに切り、麺棒でたたく。
2 手羽元は身の厚い部分に縦に1本切り目を入れ、塩をふり、15分おく。沸騰した湯に入れ、表面が白くなるまでゆで、ザルにあげる。
3 鍋に2、Aを入れて中火にかけ、ひと煮立ちしたら、アクを取り除く。Bを加えて弱火にし、ふたをして30分ほど煮る。ごま油をまわし入れる。

memo
好みの薬味（万能ねぎ、しょうがなど）や、豆板醤、ゆずこしょうを添えて。

えびのエスニックカレー

ココナッツとえびの濃厚な風味をとじ込めているから、
手順はいつものカレーとほとんど変わらないのに極上の味わい。

:: 材料（2人分）

ブラックタイガー（大）…6尾
玉ねぎ（みじん切り）…½個分
セロリ（みじん切り）…½本分
A ┬ カレー粉・塩…各少々
B ┬ にんにく・しょうが（みじん切り）…各1片分
　└ カレー粉…大さじ2
水…400ml
ココナッツクリーム…100ml
C ┬ コンソメスープの素（顆粒）…小さじ2
　├ 塩…小さじ1
　└ 砂糖…小さじ½
サラダ油…大さじ1
チリパウダー…小さじ½〜1
サフランライス…茶碗2杯分
バジル…適量

:: 作り方

1 ブラックタイガーは尾を残して殻を取り除き、背ワタを取り、Aをふる。
2 鍋にサラダ油を中火で熱し、Bを入れて炒める。香りが出たら、玉ねぎとセロリを加えて炒める。玉ねぎが透き通ってきたら、1を加え、さらに炒める。
3 えびの色が変わったら、Cを加えて強火にし、水分が半分になるまで煮詰める。
4 器に盛り、チリパウダーをふる。バジルをのせたサフランライスを添える。

memo
辛さはチリパウダーの量で調整。自分好みのエスニックカレーに仕上げて。

洋風バラちらし

酢飯ではなく、レモン汁を混ぜ合わせて洋風に。
彩りが美しく、目を楽しませてくれると同時に栄養バランスもばっちり。

60分
385 kcal

ちょっとがんばる
ごちそうおかず

:: 材料（4人分）

米…2合
季節の刺身（サーモン、まぐろ、ほたて、鯛、えびなど）…200g
とびっこ（またはいくら）…大さじ2
厚焼き卵（小さい角切り）…100g
きゅうり（薄切り）…1本分
ラディッシュ（薄切り）…3個分
セロリ（みじん切り）…½本分
菜の花…1束
スナップえんどう（ゆでる）…4本
酒…40ml
A ┌ しょうが（せん切り）…2片分
  │ レモン汁…大さじ3（1個分）
  │ しょうゆ…大さじ½
  │ はちみつ…小さじ1
  └ 塩…小さじ½
白いりごま…大さじ2

:: 作り方

1 きゅうり、ラディッシュ、セロリは塩をふってもみ込み、水けをしぼる。刺身は角切りにし、しょうゆ適量（分量外）をふる。a

2 鍋に水と塩適量（分量外）を入れて**中火**にかけ、ひと煮立ちしたら、菜の花を入れてサッとゆでる。粗熱がとれたら、水けをきり、食べやすい大きさに切る。

3 米はとぎ、炊飯器の内釜に入れる。酒を加え、目盛りより少なめに水を足し、かために炊きあげる。混ぜ合わせた**A**を加え、よく混ぜる。人肌まで冷まし、**1**の刺身を加えて混ぜる。

4 器に盛り、野菜、厚焼き卵、とびっこをのせる。白いりごまをふる。

point
a
食べやすいように刺身はひと口大に。好みの種類を混ぜ合わせて。

memo
酢や砂糖の代わりに、レモン汁とはちみつを使用。酢飯が苦手な人にもぜひ。

Staple food

ごちそう＆おつまみレシピ

60分
414 kcal
冷蔵庫で休ませる時間は除く

45分
436 kcal

簡単キッシュ

パイ生地で台の作り方をマスターしたらキッシュは簡単。
常備菜のラタトゥイユ利用でスピーディに完成！

魚介のパエリア

"炒める""煮詰める""焼く"までをひとつの鍋で。
えびにこしょうをたっぷりかけるのがおいしさの秘訣。

:: 材料（タルト型18cm1個分）

ラタトゥイユ（P.98参照）…適量
ピザ用チーズ…適量
冷凍パイシート…2枚
＊アパレイユ＊
- 生クリーム…70ml
- 牛乳…40ml
- 全卵…1個
- 卵黄…3個分
- パルミジャーノ…15g
- 塩…小さじ1
- ナツメグ・こしょう…各少々

:: 作り方

1 パイシート2枚を卵黄適量（分量外）をつけて密着させ、キッシュの型に敷く。はみ出た部分は切りおとす。冷蔵庫で30分以上休ませる。

2 ボウルにアパレイユの材料をすべて入れ、しっかり混ぜ合わせる。常温でしばらくおく。

3 1の上にクッキングシートを敷き、重しを入れ、180℃のオーブンで30分焼く。焼きあがったら、クッキングシートと重しを外し、チーズ、ラタトゥイユ、アパレイユの順にのせ、180℃のオーブンでふくらむまで20〜30分焼く。a

memo
冷凍パイシートを使うのでとてもお手軽。あとは具とアパレイユを用意するだけ！

point
a
ラタトゥイユの代わりにお好みの具でもOK。

:: 材料（4人分）

米（洗って水けをきる）…2合
えび…6尾
いか（輪切り）…1杯分
あさり（殻つき／砂抜き済み）…10個
粗びきウインナー（縦半分に切る）…3本分
玉ねぎ（みじん切り）…½個分
セロリ（みじん切り）…½本分
パプリカ（赤・みじん切り）…½個分
にんにく（みじん切り）…2片分
A ┌ 水…380ml
  │ コンソメスープの素（顆粒）…小さじ2
  └ サフラン…ひとつまみ
こしょう…適量
塩…小さじ1
オリーブオイル…大さじ2
パセリ（みじん切り）…適量
ライム（薄めのくし形切り）…½個分

:: 作り方

1 Aを混ぜ、10分おく。

2 えびは背ワタを取り、こしょうをふる。

3 オーブン対応の鍋にオリーブオイルとにんにくを入れて中火で熱し、炒める。香りが出たら、玉ねぎ、セロリ、パプリカの順に加えて炒める。米を加え、透き通るまで炒める。焦げつきそうになったらオリーブオイル大さじ½（分量外）を足す。

4 1と塩を3に加えてざっと混ぜる。あさり、ウインナー、いか、2の順に加え、えびの上にこしょうをたっぷりかけ、米が少し見える水分量まで煮詰める。

5 そのまま180℃のオーブンに入れ、15分加熱する。アルミホイルをかぶせ、オーブンの中で15分休ませる。パセリ、ライムを添える。

サーモンとアボカドのタルタル

⏱ 30分
427 kcal
*全量

プリプリのサーモンとコクのあるアボカドをさわやかなレモン仕立てで。
ちょっぴりほろ苦いチコリの上にのせていただきます。

材料（作りやすい分量）

- サーモン（刺身用）…100g
- アボカド…1個
- 塩・砂糖…各小さじ1
- A ┌ 塩・こしょう…各適量
　　└ レモン汁…大さじ½
- B ┌ オリーブオイル…小さじ½
　　└ ディル…適量
- チコリ…適量

memo
塩と砂糖をまぶすと浸透圧の作用により、サーモンの身がしまってプリプリに。またうまみを引き出してくれる効果も。バゲットの上にのせて焼くのもおすすめ。シンプルなのにおいしくて、何度も作りたくなる料理です。

作り方

1. サーモンはよく混ぜ合わせた塩と砂糖をまぶし、冷蔵庫で30分おく。ペーパータオルで余分な水分をふき取り、7mm角に切る。a
2. アボカドは皮と種を取り除き、7mm角に切り、Aをまぶす。
3. ボウルに1、2、Bを入れてよく混ぜる。チコリを添える。

point
塩と砂糖は、サーモンの裏表にしっかりまぶす。

パパッと作れる
家呑みおつまみ

ごちそう&おつまみレシピ

15分
367 kcal
*全量

20分
1132 kcal
*全量

かぶとベーコンのロースト

ベーコンと組み合わせることによって、
かぶの持つ自然の甘みがしっかりわかります。

:: 材料（作りやすい分量）

厚切りベーコン
　…80g
かぶ…3個
にんにく（薄切り）…1片分
塩…小さじ1/3〜
こしょう…適量

:: 作り方

1 かぶは皮をキレイに洗い、2cmほど茎を残して縦6つ切りにする。厚切りベーコンは3cm幅に切る。
2 フッ素樹脂加工のフライパンにベーコンとにんにくを入れて中火で熱し、炒める。脂が出たら、かぶを加えて強火にし、ローストする。塩、こしょうで味をととのえる。
3 器に盛り、こしょうをふる。

memo
塩の分量はベーコンの塩分によって、変わってきます。味を見ながら調整して。

クリームチーズのディップ

ハム×玉ねぎのしょっぱさと、ナツメ×くるみの甘さ。
交互に楽しむと飽きがこなくてエンドレスで手がのびます。

:: 材料（作りやすい分量）

クリームチーズ…200g
A ┌ ロースハム…2枚
　├ 玉ねぎ…1/8個
　└ タイム（生または乾燥）
　　　…小さじ1/3
こしょう…適量
B ┌ ナツメ（ドライフルーツ・粗く刻む）
　│　…5個分
　└ くるみ（ロースト・粗く刻む）…5個分
シナモン…適量
バゲット（レーズン・ナッツ入りのものなどお好みで／薄く切る）…適量

:: 作り方

1 フードプロセッサーにクリームチーズ半量、Aを入れ、なめらかになるまで撹拌する。ココットに入れ、こしょうをふる。
2 ボウルにクリームチーズ半量、Bを入れ、よく混ぜる。ココットに入れ、シナモンをふる。
3 1と2にバゲットを添える。

memo
ハム×玉ねぎの方は作った翌日までに食べきって。ナツメ×くるみは冷蔵で1週間OK。

> パパッと作れる
> # 家呑みおつまみ

⏱ 20分
724 kcal
＊全量

⏱ 15分
522 kcal
＊全量

えびのアヒージョ

えびとにんにくのおいしさが溶け込んだオイルにバゲットをひたして食べても美味。

:: 材料（作りやすい分量）

えび…8尾
A ┌ にんにく（皮をむいて半分に切る）
  │   …3片分
  │ オリーブオイル
  │   …50mℓ
  └ 塩…小さじ½
フレッシュハーブ（ローズマリー、タイムなど）・バゲット（薄く切る）
…各適量

:: 作り方

1 えびは殻をむき、背ワタを取っておく。
2 小鍋に1とAを入れ、弱火で加熱する。
3 えびに火が通ったら、フレッシュハーブをのせる。バゲットを添える。

memo
アヒージョとはにんにくとオリーブオイルで煮込んだ、スペイン料理のことです。

たこのマリネ

オリーブオイルで炒めたにんにくがポイント。ブラックオリーブがたこの味を引き立てます。

:: 材料（作りやすい分量）

ゆでだこ…200g
ブラックオリーブ…10個
にんにく（みじん切り）
…1片分
A ┌ レモン汁
  │   …大さじ1
  │ パセリ（みじん切り）
  │   …適量
  └ 塩・こしょう…各少々
オリーブオイル…大さじ½

:: 作り方

1 ゆでだこは薄切りにして、オリーブとともにペーパータオルで軽く水けをふき取る。
2 フライパンにオリーブオイルを中火で熱し、にんにくを入れ、香りが出るまで炒める。
3 耐熱ボウルに2を入れ、Aを加えて混ぜ合わせる。1を加えてあえ、マリネにする。

memo
炒めたにんにくとオリーブオイルはかなり熱くなっているので注意して。

ごちそう&おつまみレシピ

20分
112 kcal
＊全量

20分
97 kcal
＊1本あたり

トマトとバジルの塩麹マリネ

塩麹とレモン汁を使ってさわやかな一品に。
トマトの赤とバジルの緑という彩りも目を楽しませてくれます。

:: 材料（作りやすい分量）

- トマト（8等分に切る）…2個分
- セロリ（細かいみじん切り）…1/4本分
- バジル（ざく切り）…5枚分
- レモン汁…1/2個分
- 塩麹…大さじ1〜2

:: 作り方

材料をすべて混ぜ合わせ、冷蔵庫で20分おく。

memo
すっかりおなじみとなった塩麹。発酵食品ならではのマイルドな塩味になります。

アスパラとパンチェッタの春巻き

スナック感覚で野菜がとれる一品。
手でつまめる気軽さが家呑みスタイルにぴったり。

:: 材料（6本分）

- 生ハム…6枚
- グリーンアスパラガス…6本
- 春巻きの皮（小）…6枚
- 粗塩・レモン（くし形切り）…各適量
- 揚げ油…適量

:: 作り方

1. アスパラガスに生ハムを巻きつけ、春巻きの皮で細長く巻く。
2. 1を170℃の揚げ油で1〜2分揚げる。
3. 器に盛り、粗塩とレモンを添える。

memo
春巻きを巻くときはなるべくきっちり巻いて、細長く仕上げるとカリッとおいしい。

パパッと作れる
家呑みおつまみ

20分
580 kcal
*全量

20分
284 kcal
*全量

鶏もも肉の黒七味焼き

味つけはシンプルなのに黒七味のおかげで驚くほど深みが。
黒七味の風味がふんわり香る鶏肉料理です。

:: 材料（作りやすい分量）

- 鶏もも肉…1枚
- 長ねぎ（長さ3cmに切る）
  …1本分
- 塩…小さじ1
- 酒…大さじ1
- 黒七味…適量
- ごま油…大さじ½

:: 作り方

1 鶏肉は塩小さじ½と酒をふる。ペーパータオルで水けをふき取り、残りの塩を軽くふる。
2 フライパンにごま油を弱中火で熱し、1を皮目から入れ、長ねぎも加え、じっくり焼く。途中鶏肉を裏返し、皮目に黒七味をふり、さらに中に火が通るまで焼く。長ねぎは転がしながら焼く。
3 器に2を盛り、さらに黒七味を全体にかける。

memo
黒七味は唐辛子に山椒、黒ごま、青のりなどを混ぜたもの。鍋のタレに入れても。

鶏ささ身とブロッコリーの蒸し物

ささ身は電子レンジで蒸しあげるからお手軽。
油を使わない、ヘルシーなおつまみです。

:: 材料（作りやすい分量）

- 鶏ささ身…3枚
- ブロッコリー…1株
- 塩・こしょう…各適量
- 片栗粉…大さじ½
- 酒…大さじ1
- しょうがじょうゆ
  （P.125参照）
  …大さじ2～3

:: 作り方

1 ささ身はひと口大にそぎ切りにし、塩、こしょうをふり、片栗粉を薄くはたく。
2 ブロッコリーは小房に分け、ゆでる。
3 耐熱皿に1をのせて酒をまわしかけ、ふんわりとラップをかけ、電子レンジで1分加熱する。ささ身をひっくり返し、さらに電子レンジで30秒～1分加熱する。
4 2と3を混ぜ合わせて皿に盛り、しょうがじょうゆをかける。

memo
ブロッコリーは電子レンジ用のスチーマーで加熱してもOK。さらに手軽に。

ごちそう&おつまみレシピ

10分
416 kcal
*全量

20分
328 kcal
*全量

まぐろのごまダレユッケ

材料を切って混ぜただけ！
練りごまのほんのり甘いタレがまぐろによく合います。

:: 材料（作りやすい分量）

まぐろ（刺身用／角切り）
　…100g
＊ごまダレ＊
┌ しょうが（みじん切り）
│　…小さじ1
│ 練りごま・しょうゆ
│　…各大さじ2
└ 酢…大さじ1
白髪ねぎ…½本分

:: 作り方

まぐろをごまダレの材料と
あえて器に盛り、白髪ねぎ
をのせる。

memo
ごまダレはほかにも、白身魚
の刺身や蒸し鶏といった料理
にかけるのもおすすめ。

れんこんとみょうがのサラダ

ゆずこしょうのピリリとした辛さがアクセントに。
れんこんのシャキシャキ感とみょうがのほろ苦さを堪能して。

:: 材料（作りやすい分量）

れんこん…200g
長ねぎ（白い部分）
　…1本分
みょうが（せん切り）
　…3本分
┌ マヨネーズ…大さじ3
A │ しょうゆ…小さじ1
│ ゆずこしょう
└ 　…小さじ½
パクチー（ざく切り）
　…適量

:: 作り方

1 れんこんは皮をむき、ス
ライサーで薄切りにし、
酢水（酢大さじ2、水
400㎖）に15分ほどつけ
てアク抜きする。サッと
ゆで、冷水にとり、水け
をきる。
2 長ねぎは斜め薄切りにし、
水にさらして水けをきる。
3 1、2、みょうが、Aを混
ぜ合わせる。
4 器に盛り、パクチーをの
せる。

memo
ゆずこしょうは、唐辛子とゆ
ずの皮と塩が原料。肉と合わ
せると口の中がすっきり！

> パパッと作れる
> # 家呑みおつまみ

10分
287 kcal
*全量

15分
197 kcal
*全量

えびのエスニック豆腐

豆腐をすくって、トッピングするだけの超カンタンおつまみ。
熱々に熱したごま油をジュッとかけるのがポイント。

:: 材料(作りやすい分量)

- 絹ごし豆腐(濃厚タイプ)…1丁
- A
  - 桜えび(ゆでたもの)…大さじ4
  - しょうが(みじん切り)…大さじ1
  - 塩…小さじ½
- パクチー…適量
- ごま油…小さじ2

:: 作り方

1. 豆腐をスプーンですくい、器に盛る。
2. 1に混ぜ合わせたAをのせる。
3. フライパンにごま油を中火で熱し、2にかける。パクチーを散らす。

memo
うま味のある桜えび、ピリッと辛みのあるしょうががベストマッチ。

まいたけのあっさり佃煮(つくだに)

ししとうが全体の味をひきしめて、
噛むほどに、口の中でじんわりまいたけのうまみが広がります。

:: 材料(作りやすい分量)

- ちりめんじゃこ…20g
- まいたけ(ほぐす)…2袋分
- ししとう(輪切り)…6本分
- しょうが(みじん切り)…大さじ2
- 塩昆布…15g
- 山椒・酒・ごま油…各大さじ1

:: 作り方

1. フライパンにごま油としょうがを中弱火で熱し、香りが出たら、ちりめんじゃこ、まいたけ、ししとう、塩昆布、山椒を加えて炒める。
2. 全体に油がまわったら酒を加え、さらに5分いり煮にする。

memo
じっくり味をしみ込ませるために、やや弱火でじっくり炒めるようにして。

192

ごちそう&おつまみレシピ

⏱ 10分
173 kcal
*全量

⏱ 20分
567 kcal
*全量

オクラとアスパラの　さっぱり煮びたし

初夏の旬の味を煮びたしで味わいます。
梅のさっぱりとした味が箸休めにもぴったり。

∷ 材料（作りやすい分量）

オクラ…10本
グリーンアスパラガス
　…5本
塩…適量
酒…大さじ2
梅ソース（P.124参照）
　…大さじ3
白いりごま…適量

∷ 作り方

1 オクラは茎のかたい部分を包丁で切り取り、塩で軽くもむ。アスパラガスはオクラの長さに切り、塩をまぶす。
2 1を耐熱容器に入れ、酒をまわしかけ、ふんわりとラップをかけて電子レンジで1分〜1分30秒加熱する。
3 器に盛り、梅ソースをかけ、白いりごまを散らす。

memo
煮びたしは電子レンジでも作ることが可能。時間をおいた方が味がしみ込む。

納豆と油揚げの　友達焼き

油揚げの巾着にしたものをこんがりと焼きました。
納豆と油揚げ、大豆の栄養をたっぷりとれます！

∷ 材料（作りやすい分量）

納豆…2パック
油揚げ…3枚
長ねぎ（みじん切り）
　…1/2本分
みょうが（みじん切り）
　…2本分
納豆のタレ…適量

∷ 作り方

1 納豆、長ねぎ、みょうが、納豆のタレをよく混ぜる。
2 油揚げを半分に切って袋状に開き、1を詰め、爪ようじで軽く留める。
3 フッ素樹脂加工のフライパンを中弱火で熱し2を入れ、両面カリッと焼く。

memo
味つけには納豆のタレを利用。うま味成分も入っているので、捨てずにぜひ活用して。

かぼちゃとくるみのマフィン

きび砂糖を使い、かぼちゃの自然な甘みが感じられるマフィンです。
ざっくざく入ったくるみとしっとりした生地も魅力。

40分
212 kcal
*1個あたり

材料（直径6cmのマフィン型10個分）

- かぼちゃ（正味）…150g
- くるみ…80g
- A
  - カルダモン（シナモンでも可）…適量
  - きび砂糖…大さじ1
- B
  - 薄力粉…250g
  - きび砂糖…120g
  - 無塩バター（1.5cm角切り／冷蔵室で冷やす）…100g
  - ベーキングパウダー…大さじ1弱
  - 塩…2g
- C
  - 全卵（S〜M）…2個（100g）
  - 牛乳…100g

作り方

1. くるみは天板に並べてオーブンに入れ、**150℃で15分**ローストしてそのまま乾燥させ、手で粗く割る。かぼちゃは2cmの角切りにして耐熱容器に入れ、ふんわりとラップをかけて電子レンジで1分30秒〜2分加熱する。Aであえる。

2. フードプロセッサーにBを入れて撹拌する。ホロホロの状態になったら、Cを加えてさらに撹拌し、生地を作る。 a b

3. ボウルに2、かぼちゃ、くるみを入れ、ゴムべらでざっくり混ぜる。マフィン型のそれぞれ7分目くらいまで流し入れる。 c

4. **180℃**に予熱したオーブンで、3を15〜20分焼く。

point

a. Bの材料を入れるごとに撹拌すると混ざりやすい。

b. フードプロセッサーなら、すべての材料がなめらかに。

c. 柔らかいかぼちゃをつぶさないように注意して混ぜる。

カンタン！ おやつとデザート

焼きドーナツ

ホットケーキミックスを利用して、家にある材料だけで作ります。
揚げずに焼くからカロリーも低くなってヘルシー！

10分
60 kcal
*1個あたり

∷ 材料（ミニドーナツ型20個分）

ホットケーキミックス…150g
バター…50g
砂糖…40g
A ┌ 溶き卵…1個
　└ 牛乳…50㎖

∷ 作り方

1. 耐熱ボウルにバターを入れてふんわりとラップをかけ、電子レンジで溶けるまで様子を見ながら30秒ほど加熱する。
2. ボウルにホットケーキミックス、砂糖を入れ、よく混ぜる。[a]
3. Aをよく混ぜ合わせて2に加えて混ぜ、1を加え、さらに混ぜる。[b]
4. しぼり袋もしくはファスナーつきポリ袋に2を入れ、ファスナーつきポリ袋の場合は袋の角を一か所切り、ドーナツの形にしぼり出し、焼く。[c]

point

[a] 砂糖がかたよらないよう、まんべんなく混ぜる。

[b] 卵はあらかじめ溶いた状態にして、生地に混ぜる。

[c] 焼くときにドーナツメーカーがあるとラクチン。

memo

焼きドーナツが作れるドーナツメーカーは2000円前後から売っています。ドーナツメーカーがない場合は、フッ素樹脂加工のフライパンで焼いてください。

さつまいも餡のどら焼き

定番の和菓子もホットケーキミックスを使えばカンタン！
生地にしょうゆとみりんを入れて、和の味に仕上げています。

🕐 60分
184 kcal
＊1個あたり

:: 材料（8個分）

焼きいも＊（正味）…100g
白あん…100g
卵…3個
A ┌ ホットケーキミックス…200g
　├ 牛乳・はちみつ…各大さじ2
　├ サラダ油…大さじ1½
　└ しょうゆ・みりん…各大さじ1

＊焼きいもの作り方
さつまいも1本はよく洗い、皮つきのまま濡れた新聞紙に包み、さらにアルミホイルで包み、200℃に予熱したオーブンで30分ほど焼く。

:: 作り方

1 焼きいもは皮をむき、粗くつぶす。白あんを加え、なめらかになるまで混ぜる。8等分にして、丸める。

2 ボウルに卵を割り入れてざっと混ぜ、Aを一度に加えてなめらかになるまで混ぜる。

3 フッ素樹脂加工のフライパンを中火であたため、火からはずして濡れ布巾の上に置き、2を6～7cmぐらいの丸型に流し入れ、弱中火で焼き色がつくまで両面焼く。これを16枚作る。焼きあがったら乾燥しないようにすぐにラップをかける。[a]

4 3の2枚の間に1の1個をはさみ、まわりをつまんでくっつける。残りも同様に作る。

point

[a]
生地はすぐにパサパサになるのでラップをかける。

memo

生地を流し入れるのは高い位置から。プツプツと生地に穴が開いてきたら裏返して。

れんこん白玉の
ココナッツミルクぜんざい

20分
272 kcal
アク抜きの時間は除く

れんこんのすりおろし入りだから白玉がもっちり。
和にエスニックなテイストをかけあわせたらおしゃれに。

:: 材料(2人分)

れんこん…20g
ゆであずき…大さじ2
A ┌ ココナッツミルク・牛乳…各100mℓ
　└ 砂糖…大さじ1
B ┌ 白玉粉…50g
　│ 絹ごし豆腐…30g
　└ ココナッツミルク…小さじ1

:: 作り方

1 鍋にAを入れて中火にかけ、沸騰直前に火からおろし、冷蔵庫で冷やす。
2 れんこんは皮をむき、酢水（水400mℓに対し、酢小さじ2）に15分ほどつけてアク抜きをし、すりおろす。
3 ボウルに2とBを入れてよく混ぜ合わせ、10等分して小さく丸める。
4 鍋に湯を沸かし、3を入れてゆでる。氷水に入れて粗熱をとり、水けをきる。器に盛り、1をかけ、ゆであずきを添える。

memo
白玉はやみつきになる食感。白玉の生地にもココナッツミルクを入れます。

あずき豆腐

30分
457 kcal
*全量
冷やす時間を除く

和菓子はしつこくない甘みが夏にぴったり。
つるんとしたのど越しで、よく冷やしてめしあがれ。

:: 材料(14×14cm型分)

ゆであずき(缶詰)…70g
砂糖…60g
アガー…8g
A ┌ 溶きくず粉（くず粉15gを水30mℓで溶く・片栗粉でも可）
　└ みりん…大さじ½
水…350mℓ

point
a
くず粉は葛の根、アガーは海藻から作られる。

:: 作り方

1 鍋に砂糖とアガーを入れてよく混ぜ、分量の水を加えて中火にかけ、溶かしながら加熱する。
2 ひと煮立ちしたら、Aをまわし入れ、さらに煮る。再び煮立ったら、あずきを入れてかき混ぜる。沸騰したら冷水を入れたボウルに鍋を重ねて冷やし、とろみがつくまで混ぜる。a
3 型に流し入れ、冷蔵庫で2時間冷やす。食べやすい大きさに切る。

memo
とろみをつけてから冷やすと、あずきが沈まなくて、きれいに仕上がります。

20分
573 kcal
*全量
冷やす時間は除く

10分
152 kcal
*1個あたり
水きりする時間は除く

りんごの赤ワイン煮

ワインの風味が生きた大人のデザートとしても、
バニラアイスを添えておもてなしスイーツにしても◎。

:: 材料(作りやすい分量)

りんご…2個
A ┌ 赤ワイン…150mℓ
  │ グラニュー糖
  └ …60g
B ┌ シナモンスティック
  │ …1本
  │ レモンの薄皮
  └ …½個分
レモン汁…大さじ1

:: 作り方

1 りんごは皮をむいて8等分に切り、塩水(水700mℓに対して塩大さじ1)に1分ほどつける。
2 耐熱ボウルにAを入れてよく混ぜ、電子レンジで1分30秒加熱する。
3 2に1、Bを加え、ふんわりとラップをかけ、電子レンジで2分加熱する。一度取り出し、全体を返し、電子レンジでさらに2分加熱する。
4 粗熱がとれたら、レモン汁を加えて冷蔵庫で30分ほど冷やす。

memo

りんご2個、ゆずのしぼり汁と皮を2個分、しょうが(薄切り)1片分、はちみつ80gを加え電子レンジで2分、混ぜ合わせてもう2分加熱すると、りんごのゆずジンジャー煮(写真上)に。

フレッシュチーズケーキ いちごソースかけ

びっくりするくらい簡単にできちゃうデザート。
いちごソースの代わりにお好みのジャムでも。

:: 材料(6個分)

A ┌ プレーンヨーグルト・
  │ クリームチーズ
  │ …各200g
  └ 砂糖…大さじ1
ソース
┌ いちご…6粒
│ 砂糖…大さじ1
│ リキュール(キルシュ)
└ …小さじ½

:: 作り方

1 Aをよく混ぜ合わせる。ザルにペーパータオルを敷いた上にのせ、一晩おいて水きりする。
2 ミキサーにソースの材料を入れ、混ぜ合わせる。
3 器に1を盛り、2をかける。

memo

水きりはしっかりするのが大切。背の高い容器に入れるとおしゃれな印象に。

198

ハニーレモンジンジャーゼリー

⏱ 20分
137 kcal
*冷やす時間は除く

甘いゼリーに、ピリリとしたしょうがの刺激が新鮮。
クコの実の甘酸っぱさがレモンにもしょうがにも合います。

:: 材料（4人分）

A
- グラニュー糖…60g
- アガー…15g
- ジンジャーパウダー…3g

B
- はちみつ…大さじ5
- レモン汁…大さじ2
- クコの実…適量

:: 作り方

1. 鍋にしっかり混ぜたAを入れ、水450ml（分量外）を加えて中火にかけ、ひと煮立ちするまで溶かしながら煮る。粗熱がとれたら、冷蔵庫で40分ほど冷やし固める。
2. Bをよく混ぜ合わせ、冷蔵庫で冷やす。
3. 器に食べやすい大きさに切った1を盛り、2をかける。

memo
海藻からとれたアガーはゼラチンとは違って常温では溶けにくく、寒天よりもやわらかくてフルフルした食感。

チョコレートバー

⏱ 40分
247 kcal
*1本あたり

中に入れるものは何でもお好みでOK！
家にある残りものお菓子を一掃できる便利なデザートです。

:: 材料
（14cm×14cmのバット1枚分／2cm幅7本分）

- チョコレート…200g
- バター…20g

A
- ドライフルーツ（好みのもの）・マシュマロ・クッキー・コーンフレーク…各30g

:: 作り方

1. チョコレートを湯せんにかけ、溶けたらバターを加え、なめらかになるまで混ぜ合わせる。Aを加え、さらによく混ぜる。
2. バットにオーブンシートを敷き、1を流し入れて平らにならし、冷蔵庫で20分冷やし固める。2cm幅に切る。

memo
冷蔵室に長時間入れ続けると、チョコレートが白っぽくなってしまうから注意。

本当においしい! とほめられる　毎日かんたん! 作りおき&ごちそうおかず

材料別さくいん

シチリア風あじのパスタ ……149

● アンチョビ
ごまのバーニャカウダ ……126
タプナード ……127

● いか
海鮮チヂミ ……81
魚介のパエリア ……185

● いわし
ごまいわし ……37
いわしのつくね ……69

● えび・干しえび
エビフライの彩りタルタルソース
 ……19
白菜の中華風煮びたし ……51
海鮮チヂミ ……81
ブロッコリーとカリフラワーのシーフードグラタン ……88
えびと春雨のエスニックサラダ
 ……122
あんかけ中華そば ……169
春野菜の生春巻き2種 ……177
えびのエスニックカレー ……183
洋風バラちらし ……184
魚介のパエリア ……185
えびのアヒージョ ……188
えびのエスニック豆腐 ……192

● 牡蠣
牡蠣と三つ葉の炊き込みご飯
 ……120

● かじきまぐろ
かじきまぐろのさっぱり漬け ……19
かじきまぐろの香草焼き ラタトゥイユ添え ……99

● かまぼこ
ほっとする味 野菜のおだし煮 ……20

● かれい
かれいの野菜あんかけ ……21
かれいの煮付け ……158

卵サラダ ……43
卵サンド ……45
大根とベーコンのおやき ……47
白菜の簡単キッシュ ……50
山いもときのこの豆乳グラタン
 ……61
オムレツピッツア ……79
さっぱりポテトサラダ ……102
野菜たっぷりマカロニサラダ ……102
キャベツたっぷりクラムチャウダー
 ……110
ビーンズミネストローネ ……112
大根と春菊のスープ ……114
里いもとベーコンの炊き込みご飯
 ……119
大根の中華風炊き込みご飯 ……121
きのこの炊き込みピラフ ……121
シャキシャキ野菜のスープ ……137
スパムととろとろ卵のおむすび
 ……138
ホットケーキドッグ ……140
バターロールのお好みサンド ……141
グリーンベジのカルボナーラ ……148
ちょっとリッチな生ハムでピラフ風
 ……150
カレーコロッケ ……151
かぶと生ハムのサラダ ……162
ロール白菜のブイヤベース ……181
カスレ風豆の煮込み ……182
魚介のパエリア ……185
クリームチーズのディップ ……187
かぶとベーコンのロースト ……187
アスパラとパンチェッタの春巻き
 ……189

＊魚介類・貝類・海藻類・魚加工品＊

● あさり
キャベツたっぷりクラムチャウダー
 ……110
春雨とあさりのスープ ……160
すずきのアクアパッツア ……181
魚介のパエリア ……185

● あじ
あじのカレーそぼろ ……36

チキンと玉ねぎのクリームカレー煮
 ……78
鶏の治部煮 ……87
鶏もも肉のカチャトーラ ……89
セロリのエスニックスープ ……114
たけのこと鶏ささ身の素揚げ ……126
シンガポールチキン ……147
ガパオ ……149
鶏肉と野菜の黒酢炒め ……160
鶏ささ身のピカタ ……162
鶏のオレンジ煮 ……170
チキンとかぼちゃ、ズッキーニのごちそうサラダ ……176
チキンソテー　バルサミコしょうゆ風味 ……179
カスレ風豆の煮込み ……182
サムゲタン ……183
鶏ささ身とブロッコリーの蒸し物
 ……190
鶏もも肉の黒七味焼き ……190

● ひき肉
なんでもできちゃう肉みそ ……16
ハンバーグ＆ミートローフの肉だね
 ……32
鶏肉団子のたね ……33
シュウマイのたね ……34
そぼろ ……35
そぼろ豆腐 ……41
ごぼうと鶏の和風ドライカレー
 ……52
玉ねぎの肉団子づめ ……58
麻婆なす ……63
トマトのピリ辛炒め ……64
豚肉とお豆の煮込みパスタ ……80
まいたけと鶏団子のみぞれ鍋 ……82
油揚げとひじきのロール焼き ……95
ねぎたっぷりの酸辣湯 ……115
スープ炒飯 ……144
タコライス ……148
ひき肉と白菜の中華風ミルフィーユ
 ……169
簡単ミートソース ……171

● ハム・ベーコン・ウインナー・スパム
ミートローフ ……32

＊肉類・肉加工品＊

● 牛肉
牛のすね肉のビール煮 ……30
牛肉とえのきのしぐれ煮 ……31
しゃぶしゃぶサラダ ……31
肉巻卵 ……43
ハヤシライス ……59
ガーリックステーキ ……166
スタミナサラダ ……177
韓国風牛のたたき ……179
2種類のソースでいただくしゃぶしゃぶ ……180

● 豚肉
塩豚 ……26
豚肩ロースのウーロン茶煮 ……28
豚キムチ ……29
おうちでもやわらかヒレカツ ……29
簡単ロールキャベツ ……48
じゃがいもとピーマンのさっぱりチンジャオロースー ……55
にんじんとスペアリブのオレンジ煮
 ……56
えのきの肉ロール ……68
豚肉とお豆の煮込みパスタ ……80
カムジャタン ……86
冬瓜と豚バラの和風カレー ……164
なすと豚バラのさっぱり煮 ……168
あんかけ中華そば ……169
レンジで簡単サルシッチャ ……170
春野菜の生春巻き2種 ……177
中華風豚の角煮　さつまいものマッシュ添え ……178

● 鶏肉
蒸し鶏 ……22
鶏の照り焼きと煮卵 ……23
手羽中の甘辛揚げ ……23
鶏のから揚げ ……24
鶏ハム ……24
タンドリーチキン ……25
鶏むね肉の中国風煮込み ……25
チキンのハーブソテー ……68
五目炊き込みご飯の素 ……69
鶏むね肉の香草焼き ……74

200

もずくの酢の物 ……………… 136
ツナマヨオムレツ …………… 137
バターロールのお好みサンド … 141
和風ピクルス ………………… 158
洋風バラちらし ……………… 184

● グリーンアスパラガス
オムレツピッツア ……………… 79
グリーンベジのカルボナーラ … 148
アスパラとパンチェッタの春巻き
 ……………………………… 189
オクラとアスパラのさっぱり煮びたし
 ……………………………… 193

● グリーンピース
そら豆とグリーンピースの炊き込み
 ご飯 ……………………… 116

● クレソン
ガーリックステーキ ………… 166
チキンソテー バルサミコしょうゆ
 風味 ……………………… 179

● 香菜（パクチー）
さばのエスニック風竜田揚げ … 37
トマトのピリ辛炒め …………… 64
セロリのエスニックスープ … 114
エスニックダレ ……………… 122
えびと春雨のエスニックサラダ
 ……………………………… 122
シンガポールチキン ………… 147
春野菜の生春巻き2種 ……… 177
れんこんとみょうがのサラダ … 191
えびのエスニック豆腐 ……… 192

● コーン（缶）
コールスロー …………………… 49

● ごぼう
ほっとする味 野菜のおだし煮 … 20
野菜たっぷりつくね …………… 33
ごぼうと鶏の和風ドライカレー
 ……………………………… 52
ごぼうとししとうの揚げびたし … 53
ごぼうと糸こんにゃくとじゃこのき
 んぴら ……………………… 53
五目炊き込みご飯の素 ………… 69
根菜のきんぴら ……………… 96
根菜のマリネ ………………… 104
サムゲタン …………………… 183

韓国風牛のたたき …………… 179

● かぶ
さっぱりおいしい野菜のピクルス
 ……………………………… 18
ビーンズミネストローネ …… 112
かぶのポタージュ …………… 113
フレッシュ野菜の即席漬け … 134
もずくの酢の物 ……………… 136
和風ピクルス ………………… 158
かぶと生ハムのサラダ ……… 162
かぶとミニトマトのロースト … 166
かぶとベーコンのロースト … 187

● かぼちゃ
かぼちゃのそぼろあんかけ …… 35
かぼちゃのポタージュ ……… 115
かぼちゃとさつまいものサラダ
 ……………………………… 168
チキンとかぼちゃ、ズッキーニのご
 ちそうサラダ ……………… 176
かぼちゃとくるみのマフィン … 194

● カリフラワー
ブロッコリーとカリフラワーのシー
 フードグラタン ……………… 88
冷製チーズフォンデュ ……… 129

● キャベツ
おうちでもやわらかヒレカツ … 29
和風ハンバーグ ………………… 35
簡単ロールキャベツ …………… 48
キャベツのピクルス …………… 49
コールスロー …………………… 49
鮭のちゃんちゃん焼き ………… 76
野菜たっぷりマカロニサラダ … 102
キャベツたっぷりクラムチャウダー
 ……………………………… 110
キャベツとしょうがの中華サラダ …
 ……………………………… 144
あんかけ中華そば …………… 169
ザワークラウト ……………… 170

● きゅうり
さっぱりおいしい野菜のピクルス
 ……………………………… 18
ポッサム ………………………… 26
しゃぶしゃぶサラダ …………… 31
大根ときゅうりのもずく酢 …… 47
グリーンサラダ ……………… 100
野菜たっぷりマカロニサラダ … 102
フレッシュ野菜の即席漬け … 134

バターロールのお好みサンド … 141

● とびっこ
洋風バラちらし ……………… 184

● ひじき
ひじきの五目煮 ………………… 94

● ぶり
ぶりの照り焼き ………………… 39

● ほたて
ブロッコリーとカリフラワーのシー
 フードグラタン ……………… 88
洋風バラちらし ……………… 184

● まぐろ
まぐろとアボカドのポキ …… 125
韓国風まぐろと青じその漬けご飯
 ……………………………… 142
洋風バラちらし ……………… 184
まぐろのごまダレユッケ …… 191

● もずく
大根ときゅうりのもずく酢 …… 47
もずくの酢の物 ……………… 136

● 焼きのり
スパムととろとろ卵のおむすび
 ……………………………… 138
韓国風まぐろと青じその漬けご飯
 ……………………………… 142

＊ 野菜 ＊

● 青じそ
ポッサム ………………………… 26
和風ハンバーグ ………………… 34
しらすと納豆の2色ご飯 …… 136
韓国風まぐろと青じその漬けご飯
 ……………………………… 142
春野菜の生春巻き2種 ……… 177
韓国風牛のたたき …………… 179

● オクラ
具だくさん卵かけご飯 ……… 134
オクラとアスパラのさっぱり煮びたし
 ……………………………… 193

● かいわれ大根
こっくりさばみそ丼 ………… 146
かぶと生ハムのサラダ ……… 162

● 昆布・塩昆布
ほっとする味 野菜のおだし煮 … 20
ごまいわし ……………………… 37
まいたけのあっさり佃煮 …… 192

● 鮭・サーモン
鮭の南蛮漬け …………………… 38
鮭のゆず麹漬け ………………… 39
鮭のちゃんちゃん焼き ………… 76
冷製チーズフォンデュ ……… 129
洋風バラちらし ……………… 184
サーモンとアボカドのタルタル
 ……………………………… 186

● さば
さばのエスニック風竜田揚げ … 37
こっくりさばみそ丼 ………… 146

● じゃこ・しらす干し
じゃこ炒飯 ……………………… 45
ごぼうと糸こんにゃくとじゃこのき
 んぴら ……………………… 53
トマトとじゃこのサラダ ……… 65
じゃことねぎの和風パスタ …… 66
具だくさん卵かけご飯 ……… 134
しらすと納豆の2色ご飯 …… 136
まいたけのあっさり佃煮 …… 192

● すずき
すずきのアクアパッツア …… 181

● 鯛・たら
新玉ねぎと鯛のカルパッチョ … 59
蒸しだらのピリ辛ソース …… 123
たらのロースト タプナード添え
 ……………………………… 127
たらとほうれん草のホワイトシ
 チュー ……………………… 171
ロール白菜のブイヤベース … 181
洋風バラちらし ……………… 184

● たこ
もずくの酢の物 ……………… 136
たこのマリネ ………………… 188

● ツナ（缶）
白菜とツナのシャキシャキサラダ
 ……………………………… 51
ミニトマトとツナのさっぱり中華そ
 うめん ……………………… 124
ツナマヨオムレツ …………… 137
ツナとにんじんのサラダ …… 138

201

卵サラダ……………………43	セロリのエスニックスープ……114	和風おやき……………………152	●小松菜	
卵サンド……………………45	かぼちゃのポタージュ……115	かれいの煮付け……………158	冷凍小松菜…………………66	
コロコロコロッケ…………54	そら豆とグリーンピースの炊き込み	ひき肉と白菜の中華風ミルフィーユ	スープ炒飯…………………144	
玉ねぎの肉団子づめ………58	ご飯…………………………116	……………………………169	●さやいんげん	
ハヤシライス………………59	ざく切り玉ねぎの炊き込みピラフ	中華風豚の角煮 さつまいものマッ	ほっとする味 野菜のおだし煮…20	
新玉ねぎと鯛のカルパッチョ…59	……………………………118	シュ添え………………178	五目白あえ…………………40	
チキンと玉ねぎのクリームカレー煮	ツナとにんじんのサラダ……138	2種類のソースでいただくしゃぶ	鶏の治部煮…………………87	
……………………………78	トマトのコンソメスープ……140	しゃぶ…………………180	●ししとう	
オムレツピッツァ…………79	グリーンベジのカルボナーラ…148	えびのエスニックカレー……183	ぶりの照り焼き……………39	
豚肉とお豆の煮込みパスタ…80	ちょっとリッチな生ハムでピラフ風	サムゲタン…………………183	ごぼうとししとうの揚げびたし…53	
海鮮チヂミ…………………81	……………………………150	洋風バラちらし……………184	たけのこと鶏ささ身の素揚げ…126	
野菜たっぷり煮込みハンバーグ	和風ピクルス………………158	まぐろのごまダレユッケ……191	まいたけのあっさり佃煮……192	
……………………………84	簡単ミートソース…………171	まいたけのあっさり佃煮……192	●春菊	
カムジャタン………………86	ロール白菜のブイヤベース……181	えびのエスニック豆腐……192	大根と春菊のスープ………114	
ブロッコリーとカリフラワーのシー	カスレ風豆の煮込み………182	●ズッキーニ	さつまいもと春菊のみそ汁…164	
フードグラタン………88	えびのエスニックカレー……183	鶏むね肉の香草焼き………74	●しょうが	
鶏もも肉のカチャトーラ……89	洋風バラちらし……………184	鶏もも肉のカチャトーラ……89	なんでもできちゃう肉みそ…16	
ラタトゥイユ………………98	魚介のパエリア……………185	ラタトゥイユ………………98	かれいの野菜あんかけ……21	
グリーンサラダ……………100	トマトとバジルの塩麹マリネ…189	チキンとかぼちゃ、ズッキーニのご	蒸し鶏………………………22	
玉ねぎドレッシング………100	●そら豆	ちそうサラダ…………176	鶏の照り焼きと煮卵………23	
にんじんドレッシング……100	そら豆とグリーンピースの炊き込み	えびのエスニック豆腐……192	鶏のから揚げ………………24	
野菜たっぷりマカロニサラダ…102	ご飯…………………………116	ハニーレモンジンジャーゼリー	鶏ハム………………………24	
玉ねぎとパプリカのマリネ…104	●大根・ラディッシュ	……………………………199	塩豚…………………………26	
キャベツたっぷりクラムチャウダー	大根と豚バラの煮物………27	●スナップえんどう	大根と豚バラの煮物………27	
……………………………110	大根と油揚げのさっと煮…46	春野菜の生春巻き2種……177	牛肉とえのきのしぐれ煮…31	
ビーンズミネストローネ……112	大根ときゅうりのもずく酢…47	洋風バラちらし……………184	鶏肉団子のたね……………33	
ざく切り玉ねぎの炊き込みピラフ	大根とベーコンのおやき…47	●セロリ	和風ハンバーグ……………34	
……………………………118	まいたけと鶏団子のみぞれ鍋…82	さっぱりおいしい野菜のピクルス	そぼろ………………………35	
えびと春雨のエスニックサラダ	根菜のマリネ………………104	……………………………18	ごまいわし…………………37	
……………………………122	大根と春菊のスープ………114	ほっとする味 野菜のおだし煮…20	肉巻卵………………………43	
ツナマヨオムレツ…………137	大根の中華風炊き込みご飯…121	鮭の南蛮漬け………………38	ごぼうと鶏の和風ドライカレー	
シャキシャキ野菜のスープ…137	野菜と卵白のスープ………142	卵サラダ……………………43	……………………………52	
ポパイご飯…………………139	2種類のソースでいただくしゃぶ	コールスロー………………49	なすとパプリカの揚げびたし…62	
にんじんのすりすりスープ…139	しゃぶ…………………180	白菜とツナのシャキシャキサラダ	トマトとじゃこのサラダ……65	
トマトのコンソメスープ……140	洋風バラちらし……………184	……………………………51	いわしのつくね……………69	
野菜たっぷりクリームスープ…141	●たけのこ	トマトとじゃこのサラダ……65	カムジャタン………………86	
タコライス…………………148	たけのこと鶏ささ身の素揚げ…126	豚肉とお豆の煮込みパスタ…80	そら豆とグリーンピースの炊き込み	
カレーコロッケ……………151	●玉ねぎ・紫玉ねぎ・ペコロス	鶏もも肉のカチャトーラ……89	ご飯…………………………116	
ガーリックステーキ………166	さっぱりおいしい野菜のピクルス	ラタトゥイユ………………98	牡蠣と三つ葉の炊き込みご飯	
かぼちゃとさつまいものサラダ	……………………………18	玉ねぎドレッシング………100	……………………………120	
……………………………168	大根と豚バラの煮物………27	にんじんドレッシング……100	大根の中華風炊き込みご飯…121	
レンジで簡単サルシッチャ…170	牛のすね肉のビール煮……30	さっぱりポテトサラダ……102	エスニックダレ……………122	
簡単ミートソース…………171	しゃぶしゃぶサラダ………31	野菜たっぷりマカロニサラダ…102	しょうがじょうゆ…………125	
中華風豚の角煮 さつまいものマッ	ハンバーグ＆ミートローフの肉だね	うずらとミニトマトのカレー風味の	キャベツとしょうがの中華サラダ	
シュ添え………………178	……………………………32	マリネ…………………104	……………………………144	
カスレ風豆の煮込み………182	シュウマイのたね…………34	キャベツたっぷりクラムチャウダー	こっくりさばみそ丼………146	
えびのエスニックカレー……183	鮭の南蛮漬け………………38	……………………………110	シンガポールチキン………147	
魚介のパエリア……………185	豆腐のステーキ……………41	ビーンズミネストローネ……112	濃厚きのこの佃煮…………152	
クリームチーズのディップ…187		かぶのポタージュ…………113		

202

根菜のきんぴら……………96	スープ炒飯………………144	鶏肉と野菜の黒酢炒め………160	●チコリ
にんじんドレッシング………100	こっくりさばみそ丼………146	なすと豚バラのさっぱり煮………168	サーモンとアボカドのタルタル
野菜たっぷりマカロニサラダ…102	シンガポールチキン………147		………186
根菜のマリネ……………104	ちょっとリッチな生ハムでピラフ風	●長ねぎ・万能ねぎ・あさつき	●チンゲン菜
ビーンズミネストローネ……112	………150	なんでもできちゃう肉みそ……16	肉団子鍋…………………33
シャキシャキ野菜のスープ…137	濃厚きのこの佃煮…………152	かれいの野菜あんかけ………21	●冬瓜
ツナとにんじんのサラダ……138	和風おやき………………152	蒸し鶏……………………22	冬瓜と豚バラの和風カレー…164
にんじんのすりすりスープ…139	かれいの煮付け……………158	鶏の照り焼きと煮卵…………23	●豆苗
野菜たっぷりクリームスープ…141	春雨とあさりのスープ………160	鶏むね肉の中国風煮込み……25	シンガポールチキン…………147
野菜と卵白のスープ………142	冬瓜と豚バラの和風カレー…164	塩豚………………………26	2種類のソースでいただくしゃぶ
スープ炒飯………………144	なすと豚バラのサッパリ煮…168	豚キムチ…………………29	しゃぶ………………180
和風ピクルス………………158	ひき肉と白菜の中華風ミルフィーユ	鶏肉団子のたね……………33	●トマト・トマト缶・トマトソース
あんかけ中華そば…………169	………169	肉団子鍋…………………33	牛のすね肉のビール煮………30
簡単ミートソース……………171	あんかけ中華そば…………169	ピリ辛そぼろ丼……………35	ハヤシライス………………59
2種類のソースでいただくしゃぶ	たらとほうれん草のホワイトシ	鮭のゆず麹漬け……………39	新玉ねぎと鯛のカルパッチョ
しゃぶ………………180	チュー………………171	ぶりの照り焼き……………39	………59
カスレ風豆の煮込み………182	韓国風牛のたたき…………179	そぼろ豆腐…………………41	トマトのピリ辛炒め…………64
	2種類のソースでいただくしゃぶ	じゃこ炒飯…………………45	トマトのさっぱり煮びたし……65
●にんにく	しゃぶ………………180	白菜の中華風煮びたし………51	トマトとじゃこのサラダ………65
鶏のから揚げ………………24	サムゲタン…………………183	ごぼうと鶏の和風ドライカレー	冷凍トマト…………………67
鶏ハム……………………24	鶏もも肉の黒七味焼き………190	………52	豚肉とお豆の煮込みパスタ…80
タンドリーチキン……………25	れんこんとみょうがのサラダ…191	麻婆なす…………………63	野菜たっぷり煮込みハンバーグ
ポッサム…………………26	まぐろのごまダレユッケ………191	トマトのピリ辛炒め…………64	………84
豚肩ロースのウーロン茶煮…28	納豆と油揚げの友達焼き……193	トマトとじゃこのサラダ………65	鶏もも肉のカチャトーラ………89
あじのカレーそぼろ…………36		冷凍ねぎ…………………66	うずらとミニトマトのカレー風味の
じゃこ炒飯…………………45	●菜の花	冷凍ごまねぎ………………66	マリネ………………104
キャベツのピクルス…………49	春野菜の生春巻き2種……177	いわしのつくね……………69	ビーンズミネストローネ……112
白菜の簡単キッシュ…………50	洋風バラちらし……………184	鮭のちゃんちゃん焼き………76	ミニトマトとツナのさっぱり中華
ごぼうと鶏の和風ドライカレー		海鮮チヂミ…………………81	うめん………………124
………52	●にら	まいたけと鶏団子のみぞれ鍋…82	フレッシュトマトのソース……128
じゃがいもとにんにくのオーブン焼き	海鮮チヂミ…………………81	かぶのポタージュ…………113	フレッシュ野菜の即席漬け…134
………55		かぼちゃのポタージュ………115	トマトのコンソメスープ………140
にんじんとスペアリブのオレンジ煮	●にんじん	ねぎたっぷりの酸辣湯………115	タコライス…………………148
………56	麻婆春雨…………………17	ざく切り玉ねぎの炊き込みピラフ	シチリア風あじのパスタ……149
にんじんのグラッセ(オレンジ風味)	さっぱりおいしい野菜のピクルス	………118	かぶとミニトマトのロースト…166
………57	………18	里いもとベーコンの炊き込みご飯	簡単ミートソース……………171
麻婆なす…………………63	ほっとする味 野菜のお出汁煮…20	………119	ロール白菜のブイヤベース…181
鶏むね肉の香草焼き………74	おうちでもやわらかヒレカツ…29	大根の中華風炊き込みご飯…121	すずきのアクアパッツァ……181
鮭のちゃんちゃん焼き………76	野菜たっぷりつくね…………33	きのこの炊き込みピラフ……121	カスレ風豆の煮込み………182
チキンと玉ねぎのクリームカレー煮	鮭の南蛮漬け………………38	えびと春雨のエスニックサラダ	トマトとバジルの塩麹マリネ…189
………78	五目白あえ…………………40	………122	
豚肉とお豆の煮込みパスタ…80	コールスロー………………49	中華辛味ダレ………………123	●なす
カムジャタン………………86	にんじんとスペアリブのオレンジ煮	蒸しだらのピリ辛ソース……123	なすとパプリカの揚げびたし…62
鶏もも肉のカチャトーラ………89	………56	ミニトマトとツナのさっぱり中華	なすのエスニック風即席ピクルス
ラタトゥイユ…………………98	にんじんのエスニックサラダ…57	うめん………………124	………63
玉ねぎドレッシング…………100	にんじんのグラッセ(オレンジ風味)	しょうがしょうゆ……………125	麻婆なす…………………63
さっぱりポテトサラダ………102	………57	まぐろとアボカドのポキ……125	鶏もも肉のカチャトーラ………89
根菜のマリネ……………104	五目炊き込みご飯の素………69	具だくさん卵かけご飯………134	ラタトゥイユ…………………98
ざく切り玉ねぎの炊き込みピラフ	海鮮チヂミ…………………81	もずくの酢の物……………136	
………118	野菜たっぷり煮込みハンバーグ…84	韓国風まぐろと青じその漬けご飯	
きのこの炊き込みピラフ……121	鶏の治部煮…………………87	………142	
中華辛味ダレ………………123	ひじきの五目煮……………94	野菜と卵白のスープ………142	

◉しいたけ・干ししいたけ
なんでもできちゃう肉みそ………16
ほっとする味 野菜のおだし煮………20
ひじきの五目煮………94

◉しめじ・白しめじ
冷凍きのこ………67
五目炊き込みご飯の素………69
鶏の治部煮………87
里いもとベーコンの炊き込みご飯………119
きのこの炊き込みピラフ………121
たらのロースト タプナード添え………127

◉まいたけ・白まいたけ
冷凍きのこ………67
まいたけと鶏団子のみぞれ鍋………82
大根の中華風炊き込みご飯………121
きのこの炊き込みピラフ………121
まいたけのあっさり佃煮………192

＊いも類＊

◉さつまいも
さつまいもと春菊のみそ汁………164
かぼちゃとさつまいものサラダ………168
中華風豚の角煮 さつまいものマッシュ添え………178
さつまいも餡のどら焼き………196

◉里いも
ほっとする味 野菜のおだし煮………20
里いもの含め煮………60
里いもとベーコンの炊き込みご飯………119

◉じゃがいも
コロコロコロッケ………54
じゃがいもとピーマンのさっぱりチンジャオロース―………55
じゃがいもとにんにくのオーブン焼き………55
野菜たっぷり煮込みハンバーグ………84
カムジャタン………86
さっぱりポテトサラダ………102
キャベツたっぷりクラムチャウダー………110
蒸しだらのピリ辛ソース………123
シャキシャキ野菜のスープ………137
野菜たっぷりクリームスープ………141

◉レタス・サンチュ・サラダ菜
ポッサム………26
しゃぶしゃぶサラダ………31
卵サラダ………43
卵サンド………45
大根とベーコンのおやき………47
かじきまぐろの香草焼き ラタトゥイユ添え………99
グリーンサラダ………100
えびと春雨のエスニックサラダ………122
まぐろとアボカドのポキ………125
スパム＆とろとろ卵のおむすび………138
バターロールのお好みサンド………141
タコライス………148
スタミナサラダ………177
春野菜の生春巻き2種………177
韓国風牛のたたき………179

◉れんこん
ほっとする味 野菜のおだし煮………20
五目白あえ………40
根菜のきんぴら………96
根菜のマリネ………104
れんこんとみょうがのサラダ………191
れんこん白玉のココナッツミルクぜんざい………197

＊きのこ類＊

◉えのきだけ
牛肉とえのきのしぐれ煮………31
えのきの肉ロール………68
スープ炒飯………144
2種類のソースでいただくしゃぶしゃぶ………180

◉エリンギ
冷凍きのこ………67
たらのロースト タプナード添え………127

◉きくらげ
五目白あえ………40
根菜のきんぴら………96

◉きのこ
山いもときのこの豆乳グラタン………61
濃厚きのこの佃煮………152

玉ねぎとパプリカのマリネ………104
大根の中華風炊き込みご飯………121
冷製チーズフォンデュ………129
ツナマヨオムレツ………137
ガパオ………149
鶏肉と野菜の黒酢炒め………160
あんかけ中華そば………169
春野菜の生春巻き2種………177
カスレ風豆の煮込み………182
魚介のパエリア………185

◉ベビーリーフ
しゃぶしゃぶサラダ………31
スタミナサラダ………177

◉ブロッコリー
ブロッコリーとカリフラワーのシーフードグラタン………88
冷製チーズフォンデュ………129
グリーンベジのカルボナーラ………148
ミラノ風ドリア………162
鶏ささ身とブロッコリーの蒸し物………190

◉ほうれん草
まいたけと鶏団子のみぞれ鍋………82
ポパイご飯………139
たらとほうれん草のホワイトシチュー………171

◉水菜・三つ葉
和風ハンバーグ………34
豆腐のステーキ………41
牡蠣と三つ葉の炊き込みごはん………120
春雨とあさりのスープ………160
2種類のソースでいただくしゃぶしゃぶ………180

◉みょうが
エスニックダレ………122
こっくりさばみそ丼………146
韓国風牛のたたき………179
れんこんとみょうがのサラダ………191
納豆と油揚げの友達焼き………193

◉もやし
鮭のちゃんちゃん焼き………76
蒸しだらのピリ辛ソース………123
シンガポールチキン………147
春雨とあさりのスープ………160

ごまのバーニャカウダ………126
フレッシュトマトのソース………128
韓国風まぐろと青じその漬け飯………142
スープ炒飯………144
グリーンベジのカルボナーラ………148
タコライス………148
シチリア風あじのパスタ………149
ガパオ………149
鶏肉と野菜の黒酢炒め………160
ガーリックステーキ………166
レンジで簡単サルシッチャ………170
鶏のオレンジ煮………170
チキンとかぼちゃ、ズッキーニのごちそうサラダ………176
スタミナサラダ………177
韓国風牛のたたき………179
ロール白菜のブイヤベース………181
すずきのアクアパッツァ………181
カスレ風豆の煮込み………182
えびのエスニックカレー………183
サムゲタン………183
魚介のパエリア………185
かぶとベーコンのロースト………187
たこのマリネ………188
えびのアヒージョ………188

◉白菜
肉団子鍋………33
白菜の簡単キッシュ………50
白菜の中華風煮びたし………51
白菜とツナのシャキシャキサラダ………51
まいたけと鶏団子のみぞれ鍋………82
ひき肉と白菜の中華風ミルフィーユ………169
2種類のソースでいただくしゃぶしゃぶ………180
ロール白菜のブイヤベース………181

◉パプリカ・ピーマン
麻婆春雨………17
さっぱりおいしい野菜のピクルス………18
鮭の南蛮漬け………38
じゃがいもとピーマンのさっぱりチンジャオロース―………55
なすとパプリカの揚げびたし………62
鶏むね肉の香草焼き………74
オムレツピッツア………79
鶏もも肉のカチャトーラ………89
ラタトゥイユ………98

204

●豆乳
- 山いもときのこの豆乳グラタン ……………………… 61

●豆腐・焼き豆腐
- 鶏肉団子のたね …………… 33
- 五目白あえ ………………… 40
- そぼろ豆腐 ………………… 41
- 豆腐のステーキ …………… 41
- 鶏の治部煮 ………………… 87
- ねぎたっぷりの酸辣湯 …… 115
- えびのエスニック豆腐 …… 192
- れんこん白玉のココナッツミルクぜんざい ……………………………… 197

●納豆
- 具だくさん卵かけご飯 …… 134
- しらすと納豆の2色ご飯 …… 136
- 納豆と油揚げの友達焼き … 193

●ミックスビーンズ
- 豚肉とお豆の煮込みパスタ … 80
- バターロールのお好みサンド … 141
- カスレ風豆の煮込み ……… 182

●春雨・マロニー
- 麻婆春雨 …………………… 17
- 肉団子鍋 …………………… 33
- えびと春雨のエスニックサラダ … 122
- 春雨とあさりのスープ …… 160

果実類・果実加工品

●アボカド
- ロコモコ風肉みそ丼 ……… 17
- まぐろとアボカドのポキ … 125
- サーモンとアボカドのタルタル … 186

●いちご
- フレッシュチーズケーキ いちごソースかけ ………………… 198

●オリーブ
- タプナード ………………… 127
- たこのマリネ ……………… 188

●オレンジジュース
- にんじんとスペアリブのオレンジ煮 …………………………… 56

- 簡単キッシュ ……………… 185
- クリームチーズのディップ … 187
- フレッシュチーズケーキ いちごソースかけ ………………… 198

●生クリーム・サワークリーム
- 白菜の簡単キッシュ ……… 50
- 鶏むね肉の香草焼き ……… 74
- チキンと玉ねぎのクリームカレー煮 ………………………………… 78
- ごまのバーニャカウダ …… 126
- グリーンベジのカルボナーラ … 148
- クリーミーグラタン ……… 151
- レンジで簡単サルシッチャ … 170
- 簡単キッシュ ……………… 185

●ヨーグルト
- タンドリーチキン ………… 25
- 卵サラダ …………………… 43
- 野菜たっぷりマカロニサラダ … 102
- ホットケーキドッグ ……… 140
- バナナドーナツ …………… 153
- フレッシュチーズケーキ いちごソースかけ ………………… 198

豆類・大豆加工品

●ゆであずき
- あずき豆腐 ………………… 197
- れんこん白玉のココナッツミルクぜんざい ……………………………… 197

●油揚げ・厚揚げ
- 大根と油揚げのさっと煮 … 46
- 厚揚げのきのこあんかけ … 67
- 五目炊き込みご飯の素 …… 69
- ひじきの五目煮 …………… 94
- 油揚げとひじきのロール焼き … 95
- 納豆と油揚げの友達焼き … 193

●おから
- 根菜入り卯の花 …………… 97

●高野豆腐
- ひじきの五目煮 …………… 94

●大豆
- ほっとする味 野菜のおだし煮 … 20
- ごぼうと鶏の和風ドライカレー ………………………………… 52
- ビーンズミネストローネ … 112

こんにゃく・しらたき類
- 五目白あえ ………………… 40
- ごぼうと糸こんにゃくとじゃこのきんぴら …………………………… 53
- ひじきの五目煮 …………… 94

乳製品

●牛乳
- ブロッコリーとカリフラワーのシーフードグラタン ………………… 88
- キャベツたっぷりクラムチャウダー ……………………………… 110
- かぶのポタージュ ………… 113
- かぼちゃのポタージュ …… 115
- ごまのバーニャカウダ …… 126
- 冷製のチーズソース ……… 129
- ホットケーキドッグ ……… 140
- 野菜たっぷりクリームスープ … 141
- クリーミーグラタン ……… 151
- アラカルトフレンチトースト … 153
- たらとほうれん草のホワイトシチュー ……………………………… 171
- 簡単キッシュ ……………… 185
- かぼちゃとくるみのマフィン … 194
- 焼きドーナツ ……………… 195
- さつまいも餡のどら焼き … 196
- れんこん白玉のココナッツミルクぜんざい ……………………………… 197

●チーズ・クリームチーズ・粉チーズ
- 大根とベーコンのおやき … 47
- 白菜の簡単キッシュ ……… 50
- 山いもときのこの豆乳グラタン ………………………………… 61
- オムレツピッツア ………… 79
- ブロッコリーとカリフラワーのシーフードグラタン ………………… 88
- ざく切り玉ねぎの炊き込みピラフ ……………………………… 118
- 冷製のチーズソース ……… 129
- グリーンベジのカルボナーラ … 148
- タコライス ………………… 148
- リッチなチーズとくるみのデザートタルティーヌ ……………… 150
- クリーミーグラタン ……… 151
- ミラノ風ドリア …………… 162
- かぼちゃとさつまいものサラダ ……………………………… 168

●山いも
- 山いもときのこの豆乳グラタン ………………………………… 61
- 山いもの素揚げ …………… 61

卵類
- ロコモコ風肉みそ丼 ……… 17
- エビフライの彩りタルタルソース ………………………………… 19
- 和風あんかけオムライス … 21
- 鶏の照り焼きと煮卵 ……… 23
- 豚肩ロースのウーロン茶煮 … 28
- おうちでもやわらかヒレカツ … 29
- ハンバーグ＆ミートローフの肉だね ………………………………… 32
- 野菜たっぷりつくね ……… 33
- シュウマイのたね ………… 34
- ゆで卵 ……………………… 42
- いり卵 ……………………… 44
- 白菜の簡単キッシュ ……… 50
- コロコロコロッケ ………… 54
- トマトと卵の中華スープ … 67
- いわしのつくね …………… 69
- 鶏むね肉の香草焼き ……… 74
- オムレツピッツア ………… 79
- 海鮮チヂミ ………………… 81
- プロバンス風ご飯 ………… 99
- うずらとミニトマトのカレー風味のマリネ …………………………… 104
- 具だくさん卵かけご飯 …… 134
- ツナマヨオムレツ ………… 137
- スパムととろとろ卵のおむすび ……………………………… 138
- ポパイ飯 …………………… 139
- ホットケーキドッグ ……… 140
- バターロールのお好みサンド … 141
- 韓国風まぐろと青じその漬けご飯 ……………………………… 142
- 野菜と卵白のスープ ……… 142
- スープ炒飯 ………………… 144
- グリーンベジのカルボナーラ … 148
- ガパオ ……………………… 149
- カレーコロッケ …………… 151
- アラカルトフレンチトースト … 153
- バナナドーナツ …………… 153
- ミラノ風ドリア …………… 162
- 洋風バラちらし …………… 184
- 簡単キッシュ ……………… 185
- かぼちゃとくるみのマフィン … 194
- 焼きドーナツ ……………… 195
- さつまいも餡のどら焼き … 196

◉ ザーサイ
トマトとじゃこのサラダ ……… 65

◉ ザワークラウト
レンジで簡単サルシッチャ ……… 170

◉ たくあん
具だくさん卵かけご飯 ……… 134
しらすと納豆の2色ご飯 ……… 136

* 主食・皮・粉類 *

◉ ご飯・米・もち米
ロコモコ風肉みそ丼 ……… 17
和風あんかけオムライス ……… 21
ピリ辛そぼろ丼 ……… 35
じゃこ炒飯 ……… 45
ごぼうと鶏の和風ドライカレー
……… 52
チキンと玉ねぎのクリームカレー煮
……… 78
ひじきの五目ご飯 ……… 95
簡単混ぜご飯 ……… 97
プロバンス風ご飯 ……… 99
そら豆とグリーンピースの炊き込み
ご飯 ……… 116
ざく切り玉ねぎの炊き込みピラフ
……… 118
里いもとベーコンの炊き込みご飯
……… 119
牡蠣と三つ葉の炊き込みご飯
……… 120
大根の中華風炊き込みご飯 ……… 121
きのこの炊き込みピラフ ……… 121
具だくさん卵かけご飯 ……… 134
しらすと納豆の2色ご飯 ……… 136
スパムととろとろ卵のおむすび
……… 138
ポパイご飯 ……… 139
韓国風まぐろと青じその漬けご飯
……… 142
スープ炒飯 ……… 144
こっくりさばみそ丼 ……… 146
シンガポールチキン ……… 147
タコライス ……… 148
ガパオ ……… 149
ちょっとリッチな生ハムでピラフ風
……… 150
ミラノ風ドリア ……… 162
冬瓜と豚バラの和風カレー ……… 164
えびのエスニックカレー ……… 183
サムゲタン ……… 183

オクラとアスパラのさっぱり煮びたし
……… 193

◉ バターピーナッツ
えびと春雨のエスニックサラダ
……… 122

* 香辛料・ハーブ類 *

◉ 赤唐辛子
手羽中の甘辛揚げ ……… 23
ごぼうとししとうの揚げびたし ……… 53
ごぼうと糸こんにゃくとじゃこのきん
ぴら ……… 53
海鮮チヂミ ……… 81
根菜のきんぴら ……… 96
根菜のマリネ ……… 104
シチリア風あじのパスタ ……… 149
ガパオ ……… 149

◉ タイム
玉ねぎの肉団子づめ ……… 58
鶏むね肉の香草焼き ……… 74
ラタトゥイユ ……… 98
クリームチーズのディップ ……… 187
えびのアヒージョ ……… 188

◉ バジル
プロバンス風ご飯 ……… 99
冷製トマトのカッペリーニ ……… 128
ガパオ ……… 149
春野菜の生春巻き2種 ……… 177
えびのエスニックカレー ……… 183
トマトとバジルの塩麹マリネ ……… 189

◉ ローズマリー
簡単ロールキャベツ ……… 48
鶏もも肉のカチャトーラ ……… 89
ロール白菜のブイヤベース ……… 181
えびのアヒージョ ……… 188

* 漬け物類 *

◉ 梅干し
梅ソース ……… 124
オクラとアスパラのさっぱり煮びたし
……… 193

◉ キムチ
ポッサム ……… 26
豚キムチ ……… 29

* 種実類 *

◉ 栗
サムゲタン ……… 183

◉ くるみ
リッチなチーズとくるみのデザート
タルティーヌ ……… 150
クリームチーズのディップ ……… 187
かぼちゃとくるみのマフィン ……… 194

◉ ごま・練りごま
麻婆春雨 ……… 17
蒸し鶏 ……… 22
手羽中の甘辛揚げ ……… 23
ポッサム ……… 26
鶏肉団子のたね ……… 33
そぼろ ……… 35
ピリ辛そぼろ丼 ……… 35
かぼちゃのそぼろあんかけ ……… 35
ごまいわし ……… 37
五目白あえ ……… 40
大根ときゅうりのもずく酢 ……… 47
ごぼうと糸こんにゃくとじゃこのきん
ぴら ……… 53
トマトのピリ辛炒め ……… 64
小松菜のとろとろスープ ……… 66
冷凍ごまねぎ ……… 66
海鮮チヂミ ……… 81
カムジャタン ……… 86
簡単混ぜご飯 ……… 97
里いもとベーコンの炊き込みご飯
……… 119
大根の中華風炊き込みご飯 ……… 121
きのこの炊き込みピラフ ……… 121
ごまのバーニャカウダ ……… 126
たけのこ鶏ささ身の素揚げ ……… 126
しらすと納豆の2色ご飯 ……… 136
韓国風まぐろと青じその漬けご飯
……… 142
スープ炒飯 ……… 144
キャベツとしょうがの中華サラダ
……… 144
こっくりさばみそ丼 ……… 146
濃厚きのこの佃煮 ……… 152
和風おやき ……… 152
さつまいもと春菊のみそ汁 ……… 164
スタミナサラダ ……… 177
韓国風牛のたたき ……… 179
洋風バラちらし ……… 184
まぐろのごまダレユッケ ……… 191

にんじんのグラッセ（オレンジ風味）
……… 57

◉ バナナ
バナナドーナツ ……… 153

◉ りんご
りんごの赤ワイン煮 ……… 198

◉ レモン・レモン汁
さっぱりおいしい野菜のピクルス
……… 18
しゃぶしゃぶサラダ ……… 31
鮭の南蛮漬け ……… 38
白菜とツナのシャキシャキサラダ
……… 51
新玉ねぎと鯛のカルパッチョ ……… 59
なすのエスニック風即席ピクルス
……… 63
トマトのさっぱり煮びたし ……… 65
さっぱりポテトサラダ ……… 102
玉ねぎとパプリカのマリネ ……… 104
フレッシュ野菜の即席漬け ……… 134
ツナとにんじんのサラダ ……… 138
春野菜の生春巻き2種 ……… 177
洋風バラちらし ……… 184
サーモンとアボカドのタルタル
……… 186
たこのマリネ ……… 188
アスパラとパンチェッタの春巻き
……… 189
トマトとバジルの塩麹マリネ ……… 189
りんごの赤ワイン煮 ……… 198
ハニーレモンジンジャーゼリー
……… 199

◉ ゆず・ゆずの皮
ほっとする味 野菜のおだし煮 ……… 20
鮭のゆず麹漬け ……… 39

◉ ライム
エスニックダレ ……… 122
魚介のパエリア ……… 185

◉ レーズン・ドライフルーツ
にんじんのエスニックサラダ ……… 57
かぼちゃとさつまいものサラダ
……… 168
チョコレートバー ……… 199

●ミートソース
ミラノ風ドリア ………… 162

●野菜のおだし煮
かれいの野菜あんかけ ………… 21
和風あんかけオムライス ………… 21

●ゆで卵
肉巻卵 ………… 43
卵サラダ ………… 43

●ラタトゥイユ
プロバンス風ご飯 ………… 99
かじきまぐろの香草焼き ラタトゥイユ添え ………… 99
簡単キッシュ ………… 185

●冷製チーズソース
冷製チーズフォンデュ ………… 129

●冷凍きのこ
厚揚げのきのこあんかけ ………… 67

●冷凍小松菜
小松菜のとろとろスープ ………… 66

●冷凍トマト
トマトと卵の中華スープ ………… 67

●冷凍ねぎ
小松菜のとろとろスープ ………… 66

●冷凍ごまねぎ
じゃことねぎの和風パスタ ………… 66
トマトと卵の中華スープ ………… 67

●そぼろ
ピリ辛そぼろ丼 ………… 35
かぼちゃのそぼろあんかけ ………… 35

●タプナード
たらのロースト タプナード添え ………… 127

●玉ねぎドレッシング
グリーンサラダ ………… 100
かぶと生ハムのサラダ ………… 162

●中華辛味ダレ
蒸しだらのピリ辛ソース ………… 123
2種類のソースでいただくしゃぶしゃぶ ………… 180

●鶏肉団子のたね
野菜たっぷりつくね ………… 33
肉団子鍋 … 33

●なんでもできちゃう肉みそ
ロコモコ風肉みそ丼 ………… 17
麻婆春雨 ………… 17

●ハンバーグ＆ミートローフの肉だね
ハンバーグ ………… 32
ミートローフ ………… 32
野菜たっぷり煮込みハンバーグ ………… 84

●ひじきの五目煮
油揚げとひじきのロール焼き ………… 95
ひじきの五目ご飯 ………… 95

●フレッシュトマトのソース
冷製トマトのカッペリーニ ………… 128
ツナマヨオムレツ ………… 137
鶏ささ身のピカタ ………… 162

●フレッシュ野菜の即席漬け
ホットケーキドッグ ………… 140

●ポテトサラダ
クリーミーグラタン ………… 151

●ホワイトソース
ミラノ風ドリア ………… 162
たらとほうれん草のホワイトシチュー ………… 171

＊おかずの素＆ソース＊

●いり卵
卵サンド ………… 45
じゃこ炒飯 ………… 45

●梅ソース
ミニトマトとツナのさっぱり中華そうめん ………… 124
オクラとアスパラのさっぱり煮びたし ………… 193

●エスニックダレ
えびと春雨のエスニックサラダ ………… 122
2種類のソースでいただくしゃぶしゃぶ ………… 180

●かぼちゃの煮物
カレーコロッケ ………… 151

●ごまのバーニャカウダ
たけのこと鶏ささ身の素揚げ ………… 126

●根菜のきんぴら
簡単混ぜご飯 ………… 97
根菜入り卵の花 ………… 97

●さっぱりおいしい野菜のピクルス
かじきまぐろのさっぱり漬け ………… 19
エビフライの彩りタルタルソース ………… 19

●塩豚
ポッサム ………… 26
ポークリエット ………… 27
大根と豚バラの煮物 ………… 27

●シュウマイのたね
シュウマイ ………… 35
和風ハンバーグ ………… 35

●しょうがじょうゆ
まぐろとアボカドのポキ ………… 125
鶏ささ身とブロッコリーの蒸し物 ………… 190

●すき焼き
濃厚きのこの佃煮 ………… 152

洋風バラちらし ………… 184
魚介のパエリア ………… 185

●シュウマイの皮・春巻きの皮 生春巻きの皮
シュウマイ ………… 34
春野菜の生春巻き2種 ………… 177
アスパラとパンチェッタの春巻き ………… 189

●そうめん
ミニトマトとツナのさっぱり中華そうめん ………… 124
和風おやき ………… 152

●蒸し中華麺
あんかけ中華そば ………… 169

●パイシート
簡単キッシュ ………… 185

●パスタ・マカロニ
山いもときのこの豆乳グラタン ………… 61
じゃことねぎの和風パスタ ………… 66
豚肉とお豆の煮込みパスタ ………… 80
ブロッコリーとカリフラワーのシーフードグラタン ………… 88
野菜たっぷりマカロニサラダ ………… 102
冷製トマトのカッペリーニ ………… 128
グリーンベジのカルボナーラ ………… 148
シチリア風あじのパスタ ………… 149
クリーミーグラタン ………… 151

●パン
卵サンド ………… 45
バターロールのお好みサンド ………… 141
リッチなチーズとくるみのデザートタルティーヌ ………… 150
アラカルトフレンチトースト ………… 153

●小麦粉・ホットケーキミックス
海鮮チヂミ ………… 81
ホットケーキドッグ ………… 140
バナナドーナツ ………… 153
かぼちゃとくるみのマフィン ………… 194
焼きドーナツ ………… 195
さつまいも餡のどら焼き ………… 196

レシピ作成・調理・スタイリング
上島亜紀（かみしまあき）

1967年神奈川県出身。料理家・フードコーディネーター＆スタイリストとして女性誌を中心に活動。企業のレシピ監修、提案も行う。パン講師、食育アドバイザー、ジュニア・アスリートフードマイスター取得。簡単に作れる日々の家庭料理を大切にしながら、主宰する料理教室「A's Table」では、楽しくて美しいおもてなし料理を提案している。他、不定期に子供の料理教室「Chanto! Chanto!」を通じて作ること、食べてもらうことの楽しさを伝える。

Staff

撮影	田中宏幸
デザイン	矢﨑進
	前田啓文
	有泉幾恵（yahhos）
調理アシスタント	yuko tsunemine
編集協力／執筆協力	丸山みき（SORA企画）
	松崎祐子
編集アシスタント	根津礼美（SORA企画）
栄養計算	米倉かな
編集担当	柳沢裕子（ナツメ出版企画）

撮影協力

Iwaki
貝印株式会社
株式会社中川政七商店
マルヒロ／馬場商店

ナツメ社Webサイト
http://www.natsume.co.jp
書籍の最新情報（正誤情報を含む）は
ナツメ社Webサイトをご覧ください。

本当（ほんとう）においしい！とほめられる
毎日（まいにち）かんたん！作（つく）りおき＆ごちそうおかず

2014年7月3日 初版発行

著　者　上島亜紀（かみしまあき）　　　　　　　　　　　　©Kamishima Aki, 2014
発行者　田村正隆
発行所　株式会社ナツメ社
　　　　東京都千代田区神田神保町1-52　ナツメ社ビル1F（〒101-0051）
　　　　電話 03-3291-1257（代表）　FAX 03-3291-5761
　　　　振替 00130-1-58661
制　作　ナツメ出版企画株式会社
　　　　東京都千代田区神田神保町1-52　ナツメ社ビル3F（〒101-0051）
　　　　電話 03-3295-3921（代表）
印刷所　図書印刷株式会社

ISBN978-4-8163-5633-9　　　　　　　　　　　　　　　　Printed in Japan
〈定価はカバーに表示してあります〉
〈乱丁・落丁本はお取り替えします〉
本書の一部または全部を著作権法で定められている範囲を超え、
ナツメ出版企画株式会社に無断で複写、複製、転載、データファイル化することを禁じます。